数字经济管理下
产业发展创新探究

李 莉 赵娅奇 王亚婵 著

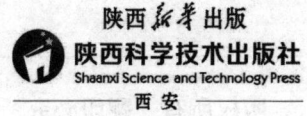

图书在版编目（CIP）数据

数字经济管理下产业发展创新探究 / 李莉，赵娅奇，王亚婵著. -- 西安：陕西科学技术出版社，2024.12.
ISBN 978-7-5369-9122-4

Ⅰ.F492.3

中国国家版本馆CIP数据核字第2025RK0545号

SHUZI JINGJI GUANLI XIA CHANYE FAZHAN CHUANGXIN TANJIU
数字经济管理下产业发展创新探究
李　莉　赵娅奇　王亚婵　著

| 责任编辑 | 郭　勇　赵　冰 |
| 封面设计 | 卫晨亮 |

出　版　者	陕西科学技术出版社
	西安市曲江新区登高路1388号陕西新华出版传媒产业大厦B座
	电话（029）81205187　传真（029）81205155　邮编710061
	http://www.snstp.com
发　行　者	陕西科学技术出版社
电　　　话	（029）81205180　81205190
印　　　刷	北京四海锦诚印刷技术有限公司
规　　　格	720mm×1000mm　16开本
印　　　张	11.75
字　　　数	180千字
版　　　次	2024年12月第1版
印　　　次	2025年1月第1次印刷
书　　　号	ISBN 978-7-5369-9122-4
定　　　价	68.00元

版权所有　翻印必究

前 言

在数字经济不断发展的时代,数字化技术已经深刻改变了我们的生活和工作方式。数字经济管理作为新型管理方式,正在逐渐成为企业发展的关键。在这个数字化时代,产业发展与创新也面临着许多新的机遇和挑战。

数字经济管理的兴起,使得企业可以更加高效地管理资源、优化生产过程、创新业务模式,从而提高企业的竞争力和市场份额。数字经济管理不仅是采用数字化技术来帮助企业提高效率,更重要的是它改变了企业的组织结构和管理方式,推动了产业创新和发展。

产业发展与创新是企业在数字经济管理下面临的重要课题。随着数字科技的不断进步,传统产业正面临着数字化转型的压力和机遇。只有通过创新思维和战略调整,才能在数字经济管理的大潮中立于不败之地。数字经济管理为产业发展提供了新的思路和方法,通过数据的分析和挖掘,企业可以更好地把握市场需求,优化产品设计和服务,实现产业链的升级和优化。

在这个数字经济管理下,产业发展与创新的关系变得更加紧密。创新是推动产业发展的原动力,而数字经济管理为创新提供了更广阔的空间和更多的可能性。通过数字经济管理,企业可以更好地挖掘数据的潜力,创造出更多有价值的产品和服务,提升企业的核心竞争力。

数字经济管理下的产业发展与创新,不仅是企业自身的问题,也是整个产业链的问题。数字经济的发展不仅需要企业自身的努力和创新,更需要整个产业链的协同合作和共同发展。只有通过全产业链的数字化转型和协同创新,才能实现产业的可持续发展和卓越竞争力。

因此,数字经济管理下的产业发展与创新,既是当前企业面临的重要课题,也是未来产业发展的关键路径。只有不断提升数字化管理水平,加强产业创新能力,才能在激烈的市场竞争中立于不败之地。希望通过本书的研究和探讨,能够为读者提供更多的思路和启示,帮助他们更好地理解数字经济管理下的产业发展与创新,实现企业的可持续发展和卓越竞争力。

目 录

第一章 数字经济的理论与实践框架 ·········· 1
    第一节 数字经济的定义和特征 ·········· 1
    第二节 数字经济对产业和企业的影响 ·········· 6
    第三节 数字经济管理的理论基础 ·········· 12
    第四节 数字经济的政策与规划 ·········· 18

第二章 数字经济下的产业发展模式：理论与方法论 ·········· 22
    第一节 数字经济对传统产业发展的影响 ·········· 22
    第二节 数字经济时代新兴产业发展模式 ·········· 32
    第三节 数字经济下产业结构优化与升级 ·········· 41

第三章 数字经济管理的研究方法与数据分析 ·········· 52
    第一节 数据收集方法 ·········· 52
    第二节 数据分析方法 ·········· 60
    第三节 实证研究设计 ·········· 72
    第四节 研究不确定性分析 ·········· 83

第四章 数字经济背景下的产业创新案例研究 ·········· 91
    第一节 互联网行业创新案例 ·········· 91
    第二节 制造业创新案例 ·········· 94
    第三节 金融科技创新案例 ·········· 97
    第四节 零售业创新案例 ·········· 100
    第五节 教育科技创新案例 ·········· 104

第五章 结论与未来展望：数字经济时代的产业转型 ·········· 107
    第一节 产业数字化转型的现状分析 ·········· 107
    第二节 产业数字化转型的挑战与应对 ·········· 130
    第三节 未来数字经济时代的产业生态构建 ·········· 155

参考文献 ·········· 179

第一章 数字经济的理论与实践框架

第一节 数字经济的定义和特征

一、什么是数字经济

数字经济是指在信息技术的支撑下,通过数字化、网络化、智能化等手段,以数字信息和数据为核心资源,运用数字技术、网络技术、信息技术开展生产、交易、管理等各种经济活动的新型经济形态。数字经济是传统经济向数字化、网络化、智能化发展演变的产物,是以数字技术和信息技术为核心驱动力的经济形态。

在数字经济的发展中,数字化是基础。数字化是指将各种物质事物和现象抽象为数字信息和数据的过程,通过数字化处理,实现信息和数据的采集、传输、存储、处理等功能。数字化为数字经济提供了重要的数据基础,使得经济活动更加高效、便捷,同时也带来了全新的商业模式和服务形式。

网络化是数字经济的重要特征之一。网络化是指通过互联网、移动互联网等信息网络将各种生产要素、经济主体以及社会资源连接起来,实现信息共享、协同合作、跨界交互等。网络化促进了各行各业的数字化转型和协同发展,拓展了经济活动的边界,推动了产业的跨界融合和创新。

智能化是数字经济的核心特征之一。智能化是指在数字化、网络化基础上,运用人工智能、大数据、云计算、物联网等先进技术手段,实现机器智能化,推动经济活动的智能化发展。智能化技术的应用不仅提升了生产力和产品服务质量,还创造了全新的商业模式和消费体验,推动了经济结构的优化和升级。

数字经济的发展对产业的创新和发展产生了深远影响。数字经济为产业提供了全新的增长点和动力源,推动了传统产业的数字化转型和智能化升级,促进了新兴产业的快速发展和壮大。数字经济还催生了许多新型产业和业态，如共享经济、电子商务、互联网金融等，不断拓展着经济发展的空间和可能性。

在数字经济管理下，产业发展和创新需要结合数字技术和信息技术，充分发挥其在加速信息传播、提高决策效率、优化资源配置、激发消费需求等方面的作用。同时，需要加强与相关产业的融合融通，促进跨界合作与创新，推动产业协同发展，实现数字经济与实体经济的良性互动与融合。只有这样，才能更好地推动产业结构优化升级，推动经济持续健康发展。

数字经济的发展不仅带来了产业结构的转变，也促进了企业管理方式的创新和变革。在数字经济时代，企业需要不断提升自身的数据分析能力和信息化水平，利用大数据、人工智能等技术手段来优化生产流程、提高产品质量、拓展市场份额。同时，企业也需要加强与科研院所、高校等机构的合作，共同推动技术创新和研发，实现产业链的共赢和互利。数字经济时代，不仅是技术的革新，更是管理观念的颠覆。企业需要跳出传统的经营思维，采用更加灵活的管理模式，不断探索新的商业模式，适应市场的快速变化和激烈竞争。数字经济的发展也给企业带来了更多的挑战和机遇，只有不断学习和适应，才能在激烈的市场竞争中立于不败之地。在数字经济的浪潮中，只有敢于创新、勇于拓展，才能实现企业的可持续发展和壮大。

二、数字经济的特征

数字经济的特征之一是高度信息化。在数字经济管理下，各行业都在不断地积累和处理海量的数据，通过数据分析和挖掘，实现对经济活动的精准监测和预测。以互联网巨头阿里巴为例，其通过大数据分析，建立了全球最大的电子商务平台，实现了消费者和商家之间的智能匹配，推动了电子商务的快速发展。

另一个典型特征是网络化。在数字经济时代，各种信息和资源都可以在全球范围内通过互联网进行即时传递和共享，不受地域限制。以共享经济为例，通过手机AP，人们可以随时随地使用共享单车、共享汽车等服务，实现了资源的最大化利用和共享。这种网络化特征也促进了产业之间的融合与创新，形成了新的产业生态系统。

数字经济还具有数字资产化的特点。随着数字技术的发展，各种实体资产逐渐数字化，比如虚拟货币、数字版权、区块链等。以比特币为例，其作为一种去中心化的虚拟货币，已经成为一种独特的数字资产，并在全球范围内得到广泛应用。数字资产的涌现为产业发展带来了新的机遇和挑战，也推动着一些传统行业的转型升级。

在数字经济管理下，产业发展与创新呈现出新的特点。通过数字技术，企业可以实现生产效率的提升和成本的降低，从而推动产业的快速发展。以智能制造为例，通过工业互联网技术，企业可以实现生产过程的自动化和智能化，提高了生产效率和产品质量，同时也降低了人力成本。这种数字化转型不仅提升了企业的核心竞争力，也为整个产业链的协同发展提供了新的可能性。

数字经济管理下的产业创新更加依赖于科技创新和数据驱动。在数字经济时代，创新已经成为企业生存和发展的核心竞争力。而科技创新和数据驱动则成为推动产业创新的重要引擎。以人工智能技术为例，通过深度学习和大数据分析，企业可以实现智能推荐、智能客服等应用，为用户提供更加个性化和便捷的服务。这种数据驱动的创新模式，成为数字经济管理下产业发展的新动能。

数字经济管理下的产业发展与创新呈现出新的特点，具有高度信息化、网络化和数字资产化的特征。在数字经济时代，企业需要不断进行数字化转型，积极探索新的商业模式和技术创新，才能在激烈的市场竞争中立于不败之地。随着数字经济的不断发展，产业发展与创新也将迎来更加广阔的发展空间。

数字经济的快速发展使得产业创新变得更加迅速和频繁。在这个时代，企业必须紧跟科技和数据变革的步伐，不断提升自身的创新能力。除了人工智能技术，区块链、物联网、云计算等新技术也将成为推动产业发展的重要力量。通过数据的采集、管理和分析，企业可以更好地理解市场需求和消费者行为，从而制定更加精准的营销策略和产品设计方案。

数字经济时代也为传统产业注入新的活力和动力，促使企业转型升级。许多传统行业正在加速实施数字化改造，通过互联网+、智能制造等方式提升生产效率和产品质量，并开拓全新的市场领域。在数字化转型的过程中，企业需要不断培育创新文化，鼓励员工提出新想法和探索新领域，以应对市场的快速变化和竞争的激烈程度。

数字经济管理下的产业发展需要企业跨界合作，共同开发新产品和服务。跨行业的合作不仅可以整合资源，共享技术和数据，还能够加速创新应用的推广和商业化进程。这种开放式合作模式将为产业的迭代升级提供更多机遇和可能性，促进产业生态系统的快速形成和发展。

总的来说，数字经济时代为企业带来了无限发展的机遇与挑战。只有不断创新、不断变革，才能在激烈竞争中立于不败之地，赢得市场和客户的青睐。未来，随着数字经济的深入发展，产业发展与创新也将迎来更大的空间和机遇，为经济的稳步增长和社会的繁荣做出更大的贡献。

三、数字经济与传统经济的区别

数字经济是指以信息技术为核心，依托数字化、网络化、智能化为特征的一种新型经济形态。相比传统经济，数字经济具有几个明显的特征。数字经济强调信息化和数字化技术的应用，使得生产、交易、管理等各个经济领域更加高效、透明和快捷。数字经济强调平台化和共享化，透过互联网和大数据技术，实现资源的最优配置和共享，推动了协作经济的发展。第三，数字经济突出智能化和自动化，通过人工智能、物联网等技术的应用，提高了生产效率和产品质量。

数字经济相较于传统经济在生产关系、经济模式、创新方式等方面存在诸多不同之处。在生产关系上，数字经济更加注重信息和知识资本的积累和运用，更加依赖于创新能力和人才素质。而传统经济则更加侧重于物质资本的积累和利用，更多依赖于劳动力和物质资源。在经济模式上，数字经济注重共享和互联网平台的建设，实现了线上线下相结合的商业模式，而传统经济更多侧重于线下实体经济，以产业链为核心。在创新方式上，数字经济更加灵活和快速，更容易促成跨界融合和创新实践，而传统经济则更为保守和缓慢，更偏向于惯性创新和渐进式发展。

数字经济对传统经济的改变和影响是深远而广泛的。数字经济改变了传统经济的生产模式和流通方式，加速了产业升级和转型。通过数字化技术的运用，生产过程更加智能化和自动化，降低了生产成本和提高了效率。同时，电子商务、移动支付等新型交易方式的发展，对传统零售业、金融业等领域产生了颠覆性影响。数字经济改变了传统经济的市场竞争格局，促成了新兴产业的崛起和现有企业的重组。新兴行业如云计算、人工智能、大数据等成为经济增长的新引擎，传统企业则需要不断创新和转型以适应数字化时代的挑战。

数字经济管理下的产业发展与创新已经成为经济发展的重要趋势。数字经济与传统经济的区别和联系，数字经济对传统经济的改变和影响，都需要我们深入理解和把握。只有不断学习和适应数字化时代的发展要求，才能实现经济的持续增长和质量提升。希望未来我们能够更好地利用数字技术和创新思维，推动产业发展和经济进步，迎接数字经济时代的挑战与机遇。

数字经济的迅猛发展不仅改变了传统经济的经营模式和市场环境，也影响着人们的生活方式和消费习惯。随着移动支付、电子商务、共享经济等新兴业态的兴起，社会各行各业都在逐渐迈向数字化转型。传统的实体零售店面逐渐被线上商城取代，金融机构也在不断引入智能化技术提升服务效率。

数字经济的崛起促进了新兴产业的发展，云计算、人工智能、大数据等领域成为了经济增长的新引擎。许多传统企业也被迫进行转型，加快创新步伐以适应数字经济时代的激烈竞争。只有不断学习和适应新技术、新思维，企业才能在激烈的市场竞争中脱颖而出，实现持续增长和质量提升。

在数字化时代，数字技术的应用已成为企业发展的必然选择。无论是制造业还是服务业，都需要通过信息化和智能化手段提升生产效率和产品质量。同时，人们的生活也越来越依赖于数字化产品和服务，从社交娱乐到健康教育，无一不受数字经济的影响。

未来，随着技术的不断创新和发展，数字经济将继续深刻改变我们的生活和工作方式。我们需要不断开拓创新，提高自身的技术和管理水平，以更好地适应数字经济时代的挑战和机遇。只有紧跟时代潮流，不断迭代更新，才能在激烈的市场竞争中脱颖而出，实现经济的跨越式发展。希望未来我们能够更好地利用数字技术和创新思维，共同推动产业发展，迎接数字经济时代的挑战，创造更加美好的未来。

第二节　数字经济对产业和企业的影响

一、产业升级与转型

数字经济的发展不仅使得传统产业面临着升级与转型的压力，同时也为新兴产业和创新带来了新的机遇。在数字经济的理论与实践框架下，企业和产业可以通过数字化技术和信息化管理实现生产、营销、服务等多方面的效率提升和创新发展。数字经济的快速发展加速了产业结构的调整和转型，推动了一系列新的发展模式的涌现。

数字经济的发展引领了产业结构的调整。传统产业面临消费升级和全球化竞争的挑战，需要借助数字技术进行革新和升级。以制造业为例，传统的大规模生产模式受到数字化、柔性化和定制化生产模式的冲击，企业需要加快数字化转型，提高生产效率和产品质量。同时，数字技术的进步也促进了新兴产业的发展，如人工智能、云计算、物联网等产业逐渐崛起，为经济发展注入新的动力。

数字经济的发展推动了发展模式的更新。传统的产业发展模式主要依靠资源导向型和规模扩张型的经营方式，而数字经济时代注重信息化、智能化和网络化的发展模式。通过大数据分析、人工智能技术等手段，企业可以更好地了解消费者需求，精准营销和服务，提升产品和服务的个性化水平。同时，数字经济也催生了新的商业模式，如共享经济、平台经济等正在改变传统产业的经营方式，促进了产业链的升级和优化。

数字经济的发展推动了技术创新的加速。数字技术的不断突破和应用，如人工智能、大数据、区块链等技术的发展，为企业提供了更多的创新工具和机会。企业可以通过技术创新，不断提升产品质量和服务水平，降低生产成本，缩短产品研发周期，提高市场竞争力。同时，技术创新也推动了产业的跨界合作和创新联盟的形成，促进了产业间的资源共享和协同发展。

数字经济的快速发展对产业的升级和转型产生了深远影响。产业结构的调整、发展模式的更新和技术创新的加速都成为数字经济时代产业发展的新动力。企业和产业应根据数字经济的发展趋势，及时调整策略，加快转型升级，抓住机遇，迎接挑战，实现可持续发展。数字经济管理下的产业发展和创新将成为未来经济增长的重要推动力量。

数字经济的快速发展不仅在技术层面带来了巨大变革,也对企业的经营理念和管理模式提出了新的挑战。在数字经济时代,企业需要更加注重创新能力和灵活性,不断调整战略布局,适应市场需求的变化。而产业之间的合作也变得更加密切,共享资源、共同研发成为常态,推动产业间的良性循环和共同发展。

随着数字经济的不断深入,产业升级和转型的步伐也将不断加快。数字化技术的广泛应用使得传统产业有了更大的发展空间,同时也催生了新兴产业的迅速崛起。在这样的背景下,企业需要不断加大对技术研发和人才培养的投入,提升核心竞争力,抢占市场先机。

不仅如此,数字经济还催生了新的商业模式和市场机会。从线下到线上,从传统零售到电商平台,从传统金融到互联网金融,消费者的需求和行为也在发生巨大的变化。企业需要更多地关注用户体验,利用数据分析和人工智能技术,精准把握市场趋势,提供个性化的产品和服务,赢得消费者的青睐。

总的来说,数字经济时代为产业的升级和转型开辟了新的路径和机遇。企业需要敏锐捕捉市场变化,勇于创新,持续提升竞争力,实现可持续发展。只有不断适应数字经济的发展趋势,不断探索和实践,才能在激烈的市场竞争中立于不败之地,迎接更广阔的发展空间。

二、企业创新与竞争力

数字经济的兴起给企业带来了前所未有的机遇和挑战。在数字经济管理下,企业面临着更加激烈的市场竞争和创新压力。数字经济不仅改变了企业的生产方式和销售模式,更重要的是改变了企业的思维方式和管理理念。在数字经济时代,创新被视为企业生存和发展的关键,数字化转型已经成为企业生存的必然选择。

在数字经济管理下,企业创新势在必行。数字技术正在深刻改变企业的生产方式和管理模式,企业需要不断创新以适应市场的需求和竞争的压力。创新驱动已经成为企业发展的核心,只有不断推陈出新,才能在激烈的市场竞争中立于不败之地。以互联网企业为例,它们依靠不断创新的商业模式和技术手段，迅速崛起并成为行业巨头。企业需要将创新渗透到产品研发、市场营销、管理运营的各个环节，以提升企业的核心竞争力。

在数字经济管理下，企业竞争策略面临着新的挑战。随着互联网和大数据技术的快速发展，市场竞争已经不再局限于产品和价格，企业需要通过创新的商业模式和差异化的服务来脱颖而出。数字经济为企业提供了更多的市场机会和创新空间，但同时也增加了市场的不确定性和风险。企业需要不断调整竞争策略，把握市场变化的脉搏，及时调整产品结构和战略定位，提升市场竞争力和盈利水平。

数字经济管理下的市场营销也面临前所未有的挑战和机遇。传统的市场营销方式已经无法满足消费者个性化和多样化的需求，数字经济的兴起使得市场营销呈现出了新的面貌。通过大数据分析和智能营销工具，企业可以更准确地洞察消费者需求，精准投放广告和个性化推荐，提升市场营销效率和转化率。同时，数字经济也加速了消费者对品牌和产品的信息传播和口碑传播，企业需要积极塑造品牌形象，提升消费者的品牌认知和忠诚度。

总的来说，数字经济管理为企业创新和竞争提供了新的动力和平台，但同时也带来了更大的挑战和压力。企业需要不断提升自身的数字化能力和创新能力，适应数字经济时代的潮流，抓住机遇，应对挑战，实现可持续发展和竞争优势。只有不断创新，才能在数字经济浪潮中立于不败之地，实现产业发展与创新的新跨越。

数字经济的兴起不仅改变了市场营销模式，同时也对企业的管理与运营提出了新的要求。随着人工智能、物联网等新技术的不断发展，企业需要不断升级自身的数字化能力，实现智能化生产和管理。通过数字化技术，企业可以实现全面的数据化管理，从生产到销售的每一个环节都可以得到更准确的数据支持，帮助企业实现精细化管理和生产。

在数字经济时代，企业创新不仅体现在产品与市场营销上，更需要在组织架构、管理模式等方面进行创新。企业需要打破传统的管理模式，构建灵活高效的组织结构，激发员工的创新潜力，推动企业持续发展。同时，数字经济也为企业带来了全球化发展的机遇，通过互联网和数字化技术，企业可以更容易地开拓国际市场，推动企业的全球化战略。

而在数字经济时代，企业面临的挑战也在不断增加。信息安全、数据隐私保护等问题成为企业亟需解决的难题。企业需要加强对数据的保护，建立完善的信息安全体系，同时也需要遵守法律法规，保护消费者的数据隐私权。只有在保证数据安全的前提下，企业才能更好地利用数据资源，实现数字化转型的顺利进行。

总的来说，数字经济不仅为企业带来了新的机遇与挑战，更为企业的持续发展提供了新的动力和平台。企业需要积极应对数字经济带来的变革，不断创新，不断进步，才能在激烈的市场竞争中立于不败之地，实现可持续发展与竞争优势。只有不断适应数字经济时代的潮流，抓住机遇，才能在数字化浪潮中赢得更广阔的发展空间。

三、数字化转型的关键要素

数字化转型是当今全球产业发展的趋势，是推动企业创新和发展的关键驱动力之一。在数字经济的理论与实践框架下，企业需要将传统的业务模式转变为数字化模式，通过数字技术和数据驱动的方式来提升效率、降低成本、提升竞争力。数字化转型不仅是简单地将传统业务搬到互联网上，更涉及到技术支持、人才培养、组织变革等多个方面的协同作用。

技术支持是数字化转型的重要基础。企业需要投入资金和精力来引入先进的数字技术，如人工智能、大数据分析、云计算等，以实现业务的数字化、智能化和数据化。这些技术将帮助企业更好地了解市场需求，优化产品和服务，提高生产效率，提升用户体验，从而加速企业发展。

人才培养是数字化转型的关键环节。企业需要拥有一支具备数字化技能和思维的专业团队，他们能够理解并掌握新兴技术，不断创新和优化业务流程。因此，企业需要通过培训和引进人才等方式，建立起一支高素质、高效率的数字化团队，为企业的数字化转型提供有力支持。

除了技术支持和人才培养，组织变革也是数字化转型的重要环节。企业需要对现有的组织结构和运营模式进行调整和优化，以适应数字经济时代的发展需求。领导者需要更加开放和包容，鼓励员工提出创新和改进意见；组织需要更加灵活和敏捷，能够快速响应市场变化和需求调整；员工需要更加具备团队合作和自主创新的能力，以推动企业持续发展和创新。

总的来说，技术支持、人才培养和组织变革是数字化转型中不可或缺的要素，它们相互作用、相互促进，共同推动企业朝着数字化、智能化和可持续发展方向前进。在数字化转型的过程中，企业需要不断学习、不断进步，紧跟技术和市场的发展变化，不断优化和升级自身能力和竞争力，以实现产业发展与创新的目标，赢得更广阔的市场空间和竞争优势。愿我们共同努力，开创数字经济管理下产业发展与创新的新局面！

  在数字化转型的当下，企业需要不断调整自身的模式和方法，以适应数字经济时代的快速发展。领导者应该更加开放包容，鼓励员工进行创新和改进，激发团队的创造力和活力；组织需要更加灵活敏捷，在市场变化和需求调整中能够快速作出反应，保持竞争力；员工则需要具备团队合作和自主创新的能力，以推动企业实现持续发展和创新。技术支持、人才培养和组织变革是数字化转型不可或缺的要素，它们相互影响、相互促进，共同推动企业向着数字化、智能化和可持续发展的方向前进。在数字化转型过程中，企业需要不断学习、不断进步，紧跟技术和市场的步伐，不断提高自身能力和竞争力，实现产业发展与创新的目标，赢得更广阔的市场空间和竞争优势。只有不断地完善和提升自己，才能在激烈的市场竞争中立于不败之地，实现企业的长期可持续发展。让我们共同努力，开创数字经济管理下产业发展与创新的新局面，引领未来的发展潮流。

四、数字经济的作用机制

  数字经济作为一种新型经济形态，以信息技术和互联网为基础，通过数字化、网络化和智能化手段，推动了产业的数字化转型和升级，促进了企业的创新和发展。数字经济对产业和企业的影响主要体现在信息流、物流、资金流等方面的改变。

  在信息流方面，数字经济提供了全新的信息获取、传播和处理方式，通过大数据、人工智能等技术，实现了对海量数据的快速分析和挖掘，为企业提供了更精准的市场信息和消费者需求，帮助企业更好地把握市场动态，调整产品结构和营销策略，提高市场竞争力。

  在物流方面，数字经济打破了传统的物流模式，实现了供应链的可视化和智能化管理，通过物联网、区块链等技术，实现了货物的实时追踪和监控，提高了物流效率和准确性，降低了物流成本和风险，促进了产业协同发展和资源优化配置。

在资金流方面,数字经济推动了金融服务的创新和普惠化,通过互联网金融、移动支付等工具,实现了资金的快速支付和跨境流转,为企业提供了更便捷、安全的金融服务,降低了融资成本和风险,促进了企业的投资和扩张。

数字经济通过信息化、智能化和一体化的方式,改变了传统产业和企业的运作模式,加速了产业的数字化转型和升级,推动了企业的创新和发展。数字经济作为一种驱动力量,正在深刻地改变着我们的生产生活方式,塑造着新的商业模式和发展路径。

未来,随着数字经济的不断发展和普及,产业和企业将面临更大的机遇和挑战,必须不断学习和适应数字经济的发展规律,加强人才培养和技术创新,提升企业的数字化水平和竞争力,实现可持续发展和共赢共享。数字经济管理下的产业发展与创新,将成为推动经济高质量发展的重要动力和支撑。

五、数字经济的发展趋势

数字经济作为新一轮经济全球化的重要驱动力,正在深刻地影响着产业发展和企业战略。随着技术的不断进步和普及,数字经济将呈现出一系列新的发展趋势。

技术发展将进一步推动数字经济的快速发展。随着人工智能、大数据、云计算、物联网等新一代信息技术的不断成熟,数字经济将进入一个全新的阶段。这些技术将为产业创新提供更多元化的支持,推动传统产业向数字化、智能化转型升级。

政策环境将逐渐趋向开放和智能化。各国纷制定数字经济发展战略和政策,促进数字经济蓬勃发展。同时,随着数字化治理、数字化监管等技术的不断成熟,政府对数字经济的监管和管理也将更加智能化和精细化,为数字经济的健康发展提供更好的环境。

市场需求将进一步多元化和个性化。随着消费者对个性化、定制化服务的需求不断增长,数字经济将更加注重精准化营销和个性化定制,提升用户体验。同时,数字经济还将促进产业协作与跨界融合,推动传统产业和新兴产业的协同发展。

总的来说，数字经济的发展将呈现出技术创新驱动、政策环境开放、市场需求多元化的趋势。对于产业发展和企业战略而言，我们应该抓住机遇，主动适应数字经济的发展趋势，推动企业变革和创新。

企业应该加大技术创新投入，抓住新一代信息技术的发展机遇，加速数字化转型，提升企业自身竞争力。企业应该加强与政府、产业链伙伴的合作，共同探索数字经济发展的新模式，共同推动产业发展和创新。企业应该深入挖掘市场需求，加强用户研究和体验设计，提供更具个性化和定制化服务，赢得消费者的青睐。

在数字经济时代，只有紧跟时代潮流，敏锐捕捉发展机遇，才能在激烈的市场竞争中立于不败之地。数字经济管理下的产业发展与创新，需要不断探索、实践和创新，引领产业未来发展的新方向。相信在数字经济的引领下，产业发展和企业创新将迎来更加辉煌的明天。

数字经济的发展是一个全新的时代，其中充满了无限的机遇和挑战。企业在数字经济浪潮中应该树立起面对变革的勇气和决心，不断创新和适应。企业需要加快技术创新的步伐，不断地寻求新的突破点和机遇，提升企业的核心竞争力。与政府、产业链伙伴的紧密合作将成为企业在数字经济时代成功的关键因素，只有互利共赢的合作才能实现共同发展和创新。再者，深入挖掘市场需求，了解用户的真正需求，并提供更符合个性化和定制化服务的解决方案，才能赢得消费者的认可和忠诚。在数字经济时代，企业不能停止探索和实践，只有不断追求创新和引领产业的发展，才能在激烈的市场竞争中立于不败之地。相信在数字经济的引领下，企业将迎来更加辉煌的明天，实现自身可持续发展和企业价值的持续增长。

第三节　数字经济管理的理论基础

一、信息技术与管理学的结合

数字经济管理的理论基础在于信息技术与管理学的结合。信息技术作为数字经济的基础，通过互联网、大数据、人工智能等技术手段，实现了信息的快速传递和互动，为产业发展和创新提供了无限可能。管理学则通过组织、规划、决策、控制等方法，对数字经济中各种资源进行有效配置和调动，实现企业的战略目标。通过信息技术与管理学的结合，数字经济管理的实践得到了进一步的推进，为产业的发展和创新提供了更为有效的支持。

信息技术的快速发展为数字经济管理提供了新的思路和方法。互联网的普及使得企业可以通过网络平台与客户、合作伙伴进行更为高效的沟通和合作，大数据分析的技术让企业可以更加准确地了解市场需求和客户行为。人工智能的应用为企业提供了更智能化的解决方案，使得生产、销售、客户服务等环节更加高效和智能化。在信息技术的支持下，管理学得以更好地应用于数字经济管理实践中，为企业的持续发展和创新提供了有力支持。

管理学的理论体系为数字经济管理提供了科学的指导。通过组织、规划、决策、控制等管理方法，企业可以更好地协调各种资源，实现最优化配置和利用。在数字经济环境下，管理学的理论体系也得到了进一步的完善和拓展，例如数字化营销、智能供应链管理等新兴领域的理论不断涌现，为企业管理提供了更多的选择和可能。

数字经济管理的理论基础在于信息技术与管理学的结合。信息技术的快速发展为数字经济管理提供了新的思路和方法，管理学的理论体系为数字经济管理提供了科学的指导。数字经济管理的发展需要不断进步和创新，信息技术与管理学的结合将为数字经济管理的未来发展提供更为广阔的空间和可能。

二、创新管理与数字化手段

数字经济管理的理论基础是数字化技术和信息化系统的广泛应用，以及对市场的深入洞察和分析。创新管理与数字化手段相互结合，能够提高产业发展的效率和创新能力。通过数字化手段，可以实现对产业发展的精准监测和管理，进而提升企业的竞争力和市场份额。数字经济管理的理论基础在于对数字化技术的深入研究，以及对创新管理的有效实施。同时，创新管理与数字化手段相互协同作用，为产业的发展和创新提供了新的动力和机遇。通过数字经济管理的理论基础和创新管理与数字化手段的结合，可以实现产业的优化升级和转型升级，推动经济的可持续发展。

数字经济管理的重要性在于对数字化技术和信息化系统的广泛应用，以及对市场的深入洞察和分析。在当今高度信息化的时代，创新管理与数字化手段的结合已经成为企业获取竞争优势的重要途径。通过数字化手段的精准监测和管理，企业可以更好地把握市场动态，做出及时决策，提高效率和创新能力。数字化技术的不断创新和应用，为企业提供了更多创新管理的可能性和机会。

数字经济管理的理论基础是对创新管理和数字化技术的深入研究，在如何更好地将二者结合起来提升企业核心竞争力方面，企业需要不断在实践中总结经验，不断优化和完善数字经济管理的体系，实现数字化技术和创新管理的有机结合。同时，创新管理与数字化手段的协同作用也需要不断加强，从而为产业的发展和创新提供更加有力的支持。

创新管理与数字化手段的结合，为企业转型升级和可持续发展提供了新的路径和契机。数字经济管理的成功实施不仅需要企业具备数字化技术和信息化系统的能力，更需要企业具备创新管理的意识和能力，通过创新管理激发企业员工的创新活力和潜力，打破传统管理模式的束缚，推动企业不断向前发展。只有不断探索创新管理和数字化技术的结合之道，企业才能在激烈的市场竞争中立于不败之地，实现长久的发展和成功。

三、数据驱动的决策与营销

数字经济管理下产业发展与创新是当今经济发展的重要方向。数字经济管理的理论基础是建立在数据驱动的基础上的，通过对大数据的收集、分析和运用，可以帮助企业做出更准确的决策，从而推动产业的创新和发展。数据驱动的决策与营销是指企业在经营过程中，通过分析大数据，了解市场的需求和趋势，从而制定相应的决策和营销策略。这种方法可以帮助企业提高决策的准确性和效率，从而在激烈的市场竞争中脱颖而出。

数字经济管理的理论基础是建立在数据驱动的基础上的，通过分析大数据，可以帮助企业更好地理解市场的需求和趋势，从而制定相应的发展战略。数据驱动的决策与营销是数字经济管理实践的核心，企业可以通过大数据分析，找到市场的痛点和机会，从而制定相应的决策和营销策略，实现产业的创新和发展。数字经济管理下的产业发展与创新，需要企业不断探索数据管理和利用的新方法,从而在激烈的市场竞争中脱颖而出,实现可持续发展。

数据驱动的决策与营销是数字经济管理的核心内容,通过对大数据的分析和运用,可以帮助企业更好地理解市场,制定精准的决策和相应的营销策略,推动产业的创新和发展。数字经济管理的理论基础是建立在数据驱动的基础之上的,企业需要不断探索数据管理和利用的新方法,从而实现可持续发展。数字经济管理下的产业发展与创新,需要企业树立数据意识,建立数据驱动的决策机制和营销体系,实现数字转型和产业升级。

在数字经济管理的时代,数据的重要性不言而喻。企业在掌握大数据分析的基础上,可以更加精准地把握市场需求和趋势,制定更有效的决策和营销策略。通过数据驱动的方法,企业可以更好地了解消费者的行为和喜好,从而更好地满足他们的需求,提高市场竞争力。

数据驱动的决策和营销不仅是为了推动产业的创新和发展,更是为了实现企业的可持续发展。企业在数字经济管理下需要不断学习和探索新的数据管理和利用方法,以适应不断变化的市场环境。只有不停地优化和调整自身的数据管理机制,才能在激烈的市场竞争中保持竞争力,实现业务的稳健增长。

在数字经济管理的背景下,企业不仅需要在决策层面重视数据的运用,更要在营销方面注重数据的应用。借助数据分析,企业可以更好地了解市场的细微变化,精准锁定目标受众,制定更具针对性的营销策略。通过建立数据驱动的决策机制和营销体系,企业能够实现数字化转型,提升产业的竞争力和价值创造能力。

在数字经济管理的框架下,企业需要树立起数据意识,将数据视作企业发展的重要资源。只有不断挖掘和应用数据的潜力,才能在激烈的市场竞争中脱颖而出,实现长期的发展和成功。因此,数据驱动的决策与营销已经成为企业在数字经济时代必须重视和深度发展的重要战略。

四、人才培养与组织架构优化

数字经济管理的理论基础主要是基于数字技术的应用与创新,致力于提高生产效率和企业竞争力。在数字经济时代,人才培养和组织架构优化尤为重要。人才是推动数字经济发展的重要因素,只有具备数字化素养和创新能力的人才能适应这个时代的需求。因此,大学需要重视数字经济管理专业的人才培养,培养学生的数字素养、创新能力和团队合作精神。同时,优化组织架构也是实现数字经济管理目标的关键。通过合理的组织结构和流程优化,可以更好地发挥人才的作用,提高工作效率和质量。

数字经济管理的成功离不开高素质的人才队伍。大学作为人才培养的重要基地,要充分发挥自身教育资源的优势,加强数字经济管理相关专业的人才培养。通过专业课程设置、实践教学等方式,培养学生的技术能力、创新意识和团队合作精神,使他们能够适应数字经济时代的需求。同时,组织架构的优化也是数字经济管理的关键环节。合理的组织结构能够提高工作效率,促进信息流动和决策制定。通过优化管理制度和流程,大学可以更好地发挥教育科研资源的作用,实现数字经济管理的目标。

数字经济管理的理论基础是数字技术的应用与创新,而人才培养和组织架构优化则是实现数字经济管理目标的重要手段。只有重视人才培养、加强组织架构的优化,大学才能更好地为数字经济管理的发展和创新做出贡献。希望通过对数字经济管理的理论研究和实践探索,能够为中国产业发展和创新注入新的动力和活力。

在数字经济时代,科技的不断进步和创新的推动为数字经济管理提供了新的机遇和挑战。人才培养与组织架构优化成为关键因素,只有通过培养学生的技术能力、创新意识和团队合作精神,才能适应数字经济的发展需求。同时,通过优化管理制度和流程,大学可以更好地发挥教育科研资源的作用,实现数字经济管理的目标。

在数字经济时代,大学应该更加注重学生的实践教学和技能培养,让他们具备解决实际问题的能力和创新思维。同时,组织架构的优化也是至关重要的,合理的组织结构能够提高工作效率,促进信息流动和决策制定。通过不断优化管理制度和流程,大学可以更好地为数字经济管理的发展和创新做出贡献。

数字经济管理需要不断探索与实践,只有重视人才培养、加强组织架构的优化,大学才能更好地适应数字经济时代的发展趋势。希望大学能够在数字经济管理领域不断探索前行,为中国产业发展和创新注入新的活力和动力,推动数字经济管理领域的不断进步和发展。

五、风险管理与数据安全

数字经济管理的理论基础是数字化技术在经济活动中的应用，其中包括信息技术、大数据、人工智能等，这些技术已经深刻地改变了传统产业的生产方式、组织结构和商业模式。随着数字经济的发展，产业界对数字经济管理的需求也在不断增加，理解数字经济的理论框架对于指导实践具有重要意义。

风险管理是数字经济管理中的重要环节，它涉及到对潜在风险的识别、评估和应对措施的制定。在数字经济环境下，信息的流动速度快，跨界交叉程度高，信息安全风险也随之增加。因此，组织需要建立健全的风险管理体系，加强数据安全意识，制定信息安全政策，采取技术手段加强数据保护，避免因信息泄露、数据损坏等问题导致的经济损失和声誉风险。

数据安全是数字经济管理中的首要任务之一，数据作为数字经济的基础资源，其安全性直接关系到企业的生存与发展。在数字经济环境下，数据的采集、存储、处理和传输方式多样化，而数据存在泄露、篡改等风险，因此保护数据安全成为当务之急。组织需要建立完善的数据安全管理制度，对数据进行分类管理、加密保护，确保数据在采集、加工、传输和存储过程中的安全性。

数字经济管理下的产业发展与创新是建立在良好的风险管理和数据安全基础之上的。通过建立健全的数字经济管理体系，企业能够更好地把握市场机遇，实现产业升级与创新发展。同时，加强风险管理和数据安全意识，有效应对各类风险挑战，保障企业信息资产的安全和稳定，为数字经济的可持续发展提供坚实保障。

在数字经济的时代，风险管理与数据安全成为企业经营管理中至关重要的环节。数据作为企业的核心资产，承载着组织的关键信息和业务流程。因此，保护数据安全已经成为企业管理者不可或缺的任务。在数字经济环境下，数据的安全性不仅关系到企业的声誉和发展，更关系到整个行业的稳定和健康发展。

为了确保数据的安全，组织需要建立完善的数据安全管理制度，采用专业的加密技术和安全防护措施，对数据进行分类管理、加密保护，以防止数据在采集、加工、传输和存储过程中遭受到泄露和篡改的风险。同时，企业还需要不断强化员工的数据安全意识，加强内部安全管理，提升整体防御能力，确保数据的完整性和保密性。

数字经济管理下的产业发展需要建立在良好的风险管理和数据安全基础之上。通过科学合理的风险评估和控制，企业可以更好地把握市场动态，发现并利用发展机遇，实现产业升级和创新发展。加强风险管理和数据安全意识可以帮助企业有效预防潜在的风险事件，保障企业的信息资产安全和稳定，从而为数字经济的可持续发展提供坚实保障。

在数字经济时代，风险管理与数据安全已经成为企业管理中的关键一环。只有不断加强风险管控和数据安全保护，企业才能在激烈的市场竞争中立于不败之地，实现稳健可持续发展。愿企业管理者们始终保持警醒，勇于创新，共同构筑起一个安全稳定的数字经济新秩序。

第四节　数字经济的政策与规划

一、国家层面的数字经济政策

在数字经济快速发展的今天，国家层面的数字经济政策显得尤为重要。政府制定的数字经济政策和规划，对于促进产业发展和创新起着至关重要的作用。在制定数字经济政策时，需要考虑到国家整体经济发展的战略方向，引导企业按照政策走向进行产业升级和创新转型。同时，政府还需要关注数字经济在社会治理、科技创新、人才培养等多个方面的应用，以达到全面推动数字经济发展的目标。数字经济政策的制定需要充分考虑不同地区、行业、企业的实际情况，因地制宜地制定政策措施，促进数字经济在各个领域的均衡发展。政府应该积极引导企业加大数字化转型力度，推动传统产业向数字经济产业的转变，加快数字经济的发展步伐。数字经济政策的制定需要与国家整体发展战略相一致，同时也要考虑到国际数字经济发展的趋势，积极融入全球数字经济发展的潮流，以提升我国在数字经济领域的国际竞争力。

在制定数字经济政策时，需要充分重视国家整体经济发展的长远规划。

政府应促进企业在政策指导下进行产业升级和技术创新，推动数字经济在社会治理、科技创新和人才培养等多个领域的应用。除此之外，政府还应当充分考虑不同地区、行业、企业的发展现状，因地制宜地制定政策措施，推动数字经济在各领域的平衡发展。

数字经济政策的制定还需要紧密结合国家整体发展战略，与国际数字经济发展趋势相结合，积极融入全球数字经济发展的浪潮，提升我国在数字经济领域的国际竞争力。政府应当积极引导企业加大数字化转型力度，助力传统产业向数字经济产业转型，加速数字经济的发展步伐。

数字经济政策的制定也需要重点关注人才培养和技术创新。政府应加强对数字经济人才的培养和引进，搭建多层次的人才培养体系，为数字经济发展提供可持续的人才支持。同时，政府还需加大科技创新投入，推动数字经济技术水平和应用能力的不断提升，确保数字经济政策的有效实施和落地。

制定数字经济政策不仅需要考虑国家整体经济发展战略，还需要关注不同地区、行业和企业的实际情况，积极融入全球数字经济发展潮流，推动数字经济在各个领域的均衡发展，以实现我国数字经济的全面推动和持续发展。

二、产业发展规划与数字化战略

数字经济作为当今世界经济发展的新引擎，正在深刻影响着各个行业的发展模式和商业逻辑。在数字经济时代，政府在产业发展规划中需制定相应政策和规划，引领产业走向数字化、智能化发展。数字经济的政策与规划成为推动产业发展创新的关键，数字化战略将给产业带来新的发展机遇。产业发展规划与数字化战略的制定对于推动产业升级和创新发展具有重要意义，为实现数字经济下的产业发展目标提供了指导方向。

数字经济的政策与规划需要紧密结合国家发展战略，通过制定有针对性的政策和规划，强化数字经济基础设施建设，促进数字技术在产业中的广泛应用，推动产业数字化转型升级。政府制定数字经济政策，将为企业提供更多发展机遇和政策支持，推动传统产业向数字化产业转型升级，实现产业高质量发展。数字经济的政策与规划还需加强与相关部门的协同配合，形成多元化的政策体系，推动数字经济在产业发展中的全面应用。

产业发展规划与数字化战略的设计将使传统产业更好地适应数字经济时代的发展需求，提高产业创新能力和竞争力。数字化战略的制定不仅要注重技术创新和数字化转型，更要强调产业发展规划与发展路径的优化和调整，有效整合各类资源和要素，提升产业的整体效益和竞争力。通过数字化战略的执行，产业可以更加精准地识别市场需求，打造具有核心竞争力的产业品牌，实现产业价值链的优化升级和延伸拓展。

数字经济的政策与规划和产业发展规划与数字化战略的结合，将进一步推动传统产业向数字化产业转型，发挥数字经济在产业发展中的引领作用，为产业发展注入新的活力和动力。只有不断优化政策环境，完善规划体系，制定科学合理的数字化战略，才能更好地实现数字经济下的产业发展与创新。

在数字经济时代，产业发展规划与数字化战略的紧密结合是推动经济持续增长和创新的关键。数字化战略的制定需要与政府政策相互配合，促进产业结构的优化和升级。通过数字化技术的应用，企业能够更好地适应市场需求，提高生产效率和产品质量，进一步提升竞争力。在数字化战略执行过程中，产业间的合作和协作也变得更加紧密，共同推动整个产业链向前发展。

除此之外，数字化战略的实施也为企业带来了更多的发展机遇和挑战。企业需要加大对人才培养和技术研发的投入，不断提升自身创新能力，以应对市场快速变化的需求。同时，数字化战略也需要不断优化和调整，使其更符合企业发展的实际情况，最大限度地发挥数字化技术带来的优势。

在数字经济的浪潮中，传统产业需要加快转型升级步伐，积极融入数字经济的发展大潮中。只有不断引入创新理念和技术手段，不断推动产业结构调整，才能够实现产业的可持续发展。数字化战略的实施并非一蹴而就，需要企业不断探索创新，与时俱进，从而不断提升自身的核心竞争力，赢得市场和行业的认可和支持。

总的来说，数字经济时代为产业发展带来了新的机遇和挑战，只有充分发挥政策引导作用，完善产业发展规划和数字化战略，企业才能够在激烈的市场竞争中立于不败之地，实现可持续发展与创新。

三、企业参与政策和规划的落地实施

在数字经济的发展中,政府的政策和规划至关重要。企业作为数字经济的重要参与者,也需要积极参与政府的政策和规划的落地实施。只有政府和企业紧密合作,才能推动数字经济健康发展。企业参与政策和规划的落地实施,不仅可以帮助政府更好地了解市场需求和企业现状,也可以促进政策的有效实施和落地。企业作为市场主体,深知市场需求和行业发展的现实情况,能够提供更为具体和实用的建议和意见,帮助政府更好地制定政策和规划。同时,企业还可以将政府的政策和规划转化为具体的行动计划,落实到实际的生产经营中,推动数字经济的发展和创新。企业参与政策和规划的落地实施,需要政府和企业密切合作,共同探讨制定可行的政策和规划方案,确保政策的有效实施,推动数字经济产业的发展与创新。

第二章 数字经济下的产业发展模式：理论与方法论

第一节 数字经济对传统产业发展的影响

一、传统产业的数字化转型趋势

（一）数字技术在生产制造中的应用

数字经济对传统产业发展的影响是不可忽视的。随着信息技术的不断发展和普及，传统产业正面临着前所未有的挑战和机遇。数字经济的出现打破了传统产业的边界，重新定义了产业链和价值链。传统产业不得不加快转型升级，利用数字技术提高生产效率，优化产品和服务，实现智能化和数字化转型。数字经济让传统产业在全球市场上具备了更大的竞争力。

传统产业的数字化转型趋势已经日益明显。越来越多的传统产业企业开始意识到数字化转型的重要性，纷加大对信息技术的投入，加速推进数字化转型进程。传统制造业通过引入互联网、大数据、人工智能等先进技术，实现了生产自动化、生产过程数字化、生产流程智能化，不仅提高了生产效率，降低了成本，还为企业带来了新的增长点。

数字技术在生产制造中的应用越来越广泛。随着物联网、云计算、大数据技术的发展和应用，数字化生产制造已经成为传统产业升级的重要手段。通过数字技术，企业可以实现生产过程的智能化管理和控制，生产过程更加精细化、灵活化。数字技术不仅可以提高生产效率，还可以促进产品质量的提升，满足不同客户的个性化需求，实现产业链的协同发展。

数字经济时代的到来，使得传统产业正面临着重大的变革和转型。只有不断引入创新的数字技术，不断优化产业结构和价值链，才能适应数字经济的发展趋势，抢占市场先机。传统产业要善于抓住数字经济带来的机遇，不断创新和突破，实现产业发展的转型升级，实现数字化转型和可持续发展。

数字技术在生产制造中的应用不仅可以带来生产效率的提升，还可以推动企业实现全面智能化和信息化管理。通过数字技术的运用，企业可以更好地了解市场需求，快速响应客户需求，提高产品研发和创新能力。数字化生产制造还可以改善供应链管理，降低生产成本，提高企业竞争力。

随着数字经济的迅速发展，企业需要不断拓展数字技术应用领域，尤其是在人工智能、机器学习等前沿技术的引入上。这些高新技术的运用可以帮助企业实现生产自动化，提高生产线的智能化水平，进一步提升生产效率和产品质量。同时，数字技术的应用也可以带来新的商业模式和盈利点，拓展企业的业务范围和市场份额。

除此之外，数字技术在生产制造中的应用还可以促进产业协同发展，实现产业链的优化和升级。通过数字化技术手段，企业可以与供应商、合作伙伴之间实现更高效的协同合作，优化生产流程和资源配置，提高整个产业链的运作效率和响应速度。这种数字化转型不仅可以促进产业结构的优化，还可以推动相关产业间的深度融合和协同发展，实现整个产业生态的良性循环。

数字技术在生产制造中的应用给企业带来了新的增长点，为企业的发展提供了无限可能。只有不断推动数字化转型，积极应用数字技术，企业才能在激烈的市场竞争中立于不败之地，实现可持续发展和长期成功。随着数字经济时代的来临，企业应该抓住机遇，勇于创新，不断开拓数字化生产制造的新局面，实现更加辉煌的未来。

(二) 传统企业的数字化创新案例

数字经济的快速发展对传统产业产生了深远影响，传统产业正面临数字化转型的挑战和机遇。随着数字经济的不断演进，传统产业开始积极探寻数字化转型的道路，以提升竞争力和适应市场变化。许多传统企业在数字经济浪潮中迅速崛起，通过创新技术和商业模式，实现了业务的转型和发展。数字化创新成为传统企业不可或缺的重要战略，为企业带来了新的增长动力和发展空间。

在数字经济的浪潮中，许多传统企业群体纷开展数字化创新，积极探索新的商业机会。以家电行业为例，传统的家电制造企业意识到数字化技术的重要性，开始推出智能家电产品，实现产品与用户的智能互联。通过将传统家电产品赋予智能化功能，提高产品体验和智能化程度，满足消费者个性化需求，同时也带来了新的盈利模式和增长点。

另一方面，金融行业也是传统产业中数字化转型的重要领域。许多传统银行机构加快了数字化创新步伐，积极开展互联网金融、移动支付等业务，提升金融服务的智能化和便捷性。通过数字化技术的运用，银行业实现了线上线下服务的无缝衔接，提高了服务效率和用户体验，拓展了金融业务领域和市场份额。

制造业也是数字化创新的热点领域。许多传统制造企业加大了对数字化技术的投入，实现了生产制造智能化和自动化，提升了生产效率和产品质量。通过数字化技术的运用，传统制造企业实现了生产流程的智能优化和精细化管理，提高了市场竞争力和企业盈利能力。

总的来说，数字经济的快速发展为传统产业带来了新的发展机遇和挑战，传统企业通过数字化创新实现了业务的转型和发展。数字化转型不仅让传统产业焕发新的生机，也为中国经济的转型升级提供了新的动力和支撑。在数字经济时代，传统产业的数字化转型已成为企业发展的重要战略选择，必须不断加强数字化技术应用，探索新的商业模式，促进产业创新和发展。

数字化转型不仅改变了传统企业的经营模式，也影响了消费者的消费习惯和行为。随着互联网的普及和大数据技术的发展，传统企业可以通过数字化创新实现产品的个性化定制和精准营销，提升了客户体验和忠诚度。同时，数字化技术也为企业提供了更多的数据支持和决策依据，帮助企业进行数据驱动的管理和运营，提高了决策的准确性和效率。

数字化转型还推动了传统产业与互联网企业的合作与融合，促进了产业链的协同发展和资源共享。传统企业通过与互联网企业合作，可以更好地借助互联网平台和技术优势，拓展业务范围，开拓新的市场空间，实现企业的跨界融合和转型升级。数字化技术的应用不仅改变了企业的内部管理和运营方式，也改变了企业与消费者之间的互动模式，为企业带来了更多的商机和发展机遇。

总的来说，数字化转型已经成为传统企业转型升级的必由之路，只有不断加强数字化技术的应用，不断创新和改进业务模式，才能在激烈的市场竞争中立于不败之地，实现企业的可持续发展和长期成功。随着数字经济的不断发展，传统企业应积极拥抱数字化转型，抓住机遇，应对挑战，在数字化创新的道路上不断前行，实现企业的转型升级和跨越发展。

(三) 传统产业数字化转型的挑战与机遇

数字经济对传统产业发展的影响是不可忽视的，随着数字经济的快速发展，传统产业也不得不面对转型升级的压力。传统产业的数字化转型趋势逐渐明显，许多企业开始意识到数字化转型的重要性，并纷采取措施进行改革。然而，数字化转型也伴随着一系列挑战和机遇。在挑战方面，传统产业数字化转型需要大量的资金投入和技术支持，同时也需要企业内部员工的技术更新和转型。面对外部环境的不确定性和竞争压力，传统产业数字化转型也需要应对各种风险和挑战。然而，数字化转型也为传统产业带来了前所未有的机遇，通过数字化技术的应用，可以提高生产效率、降低成本，拓展市场和增加收入，增强企业的竞争力。同时，数字化转型也为传统产业带来了全新的商业模式和发展机会，促使企业开拓新的市场领域，实现可持续发展。在数字经济的浪潮中，传统产业数字化转型所面临的挑战与机遇并存，只有不断创新和适应数字化转型的趋势，才能实现产业的持续发展和创新。

数字化转型的潮流已经席卷各个传统产业，推动了产业结构的重塑和发展模式的升级。在这个过程中，不仅是企业需要改变，整个社会生态也随之发生了巨大变化。传统产业数字化转型所带来的一系列挑战和机遇，需要企业深刻认识和勇于应对。对于挑战而言，数字化转型不仅是技术的应用，更需要企业文化的转变和员工的素质提升。企业需要在资金投入和技术支持的基础上，更注重人才培养和团队的协作能力。面对激烈的市场竞争和不确定的外部环境，企业必须保持灵活应对和持续创新的能力，才能在数字化浪潮中立于不败之地。

然而，数字化转型也给传统产业带来了空前的机遇。通过数字化技术的运用，企业可以实现生产效率的提升和成本的降低，进而提高市场竞争力和盈利能力。数字化转型可以开拓新的商业模式和发展机会，带动整个产业的转型升级。例如,传统制造业借助物联网技术实现了智能制造,提高了生产效率和产品质量;传统零售业借助大数据分析和云计算技术,拓展了线上线下融合的销售渠道,提升了用户体验和品牌价值。数字化转型不仅是一场技术的变革,更是一场思维方式和经营模式的革命,需要企业领导者敢于引领和创新,才能在激烈的市场竞争中脱颖而出。

在数字经济时代,传统产业数字化转型既面临着诸多挑战,又蕴含着巨大机遇。唯有不断跟上时代步伐,勇敢面对风险和挑战,积极适应数字化转型的趋势,才能在未来的发展中保持竞争优势,实现可持续发展和创新突破。愿各行各业的企业,与时俱进,勇攀科技高峰,共创数字化转型的美好未来。

二、数字经济对传统产业的优化与改造

(一) 数据驱动下的传统产业管理模式调整

数字经济的快速发展正在对传统产业产生深远的影响。传统产业在数字经济的影响下面临着巨大的挑战和机遇。数字经济以其高效、智能、信息化的特点,正在改变着传统产业的生产、管理和市场模式。传统产业在数字经济的冲击下,不得不进行优化与改造,以应对来自数字化时代的竞争压力。

数字经济的兴起改变了人们的消费习惯和产业发展路径,传统产业不得不从传统的模式中解放出来,转向创新、升级和转型。数字经济的快速发展,推动了传统产业的价值重构和产业结构的调整,使传统产业在面临数字化时代的竞争中不断创新、不断进步。

数据驱动是数字经济时代的一个重要特征,通过大数据、人工智能等技术手段的运用,可以实现传统产业的管理模式调整。数据驱动的管理模式使传统产业可以更加科学、精准地管理生产、供应链和市场,提高管理效率,降低成本,提高竞争力。

在数字经济的浪潮下,传统产业不仅要进行内部管理模式的调整,还要面向市场和消费者,进行市场营销和品牌建设的创新。通过数字化技术手段的运用,传统产业可以更好地了解消费者需求,提供更加个性化、差异化

的产品和服务，拓展市场，提高盈利能力。

总的来说，数字经济对传统产业的影响是全方位的、深刻的，传统产业在数字经济时代需要不断创新、不断进化，才能在激烈的市场竞争中立于不败之地。数据驱动的管理模式调整是传统产业在数字经济时代迈向成功的关键之一，只有不断适应数字经济的发展趋势，才能在数字经济时代实现产业发展与创新的新高度。

在数字经济的大背景下，传统产业需要重新审视和调整自身的管理模式。数据驱动下的管理模式调整不仅是简单的改变，更是一次全面的革新。通过科学、精准的管理，传统产业可以更好地应对市场变化，实现生产、供应链和市场的高效整合。随着数字技术的不断进步，企业可以利用大数据分析、人工智能等工具来更好地洞察市场需求，提供个性化、差异化的产品和服务，从而赢得市场份额。

除了内部管理模式的调整，传统产业还需持续进行市场营销和品牌建设的创新。数字经济时代注重用户体验和品牌认知度，因此企业需要利用数字化技术与消费者互动，建立紧密的联系。通过渠道多样化、营销策略的差异化，传统产业可以更好地融入数字经济的潮流，提升竞争力。

总的来说，数字经济对传统产业产生的影响是深远的，但也为企业带来了新的机遇和挑战。只有积极适应数字化的趋势，不断创新和进化，传统产业才能在激烈的市场竞争中立于不败之地。因此，数据驱动的管理模式调整成为了企业在数字经济时代取得成功的关键一环，唯有如此，传统产业才能实现持续发展和创新，迈向更高的高度。

(二) 人工智能在传统产业中的应用

数字经济正在引领着传统产业的转型升级，对传统产业发展产生了深远影响。传统产业在数字经济浪潮下，迎来了前所未有的机遇和挑战，促使其不断优化改造。数字经济的发展，加速了传统产业的数字化和智能化进程，促进了产业结构的调整和升级，为传统产业注入了新的动力和活力。

数字经济的发展也推动了人工智能在传统产业中的应用。人工智能技术在传统产业中的应用，可以有效提高生产效率，优化资源配置，降低成本，提升产品和服务质量。通过人工智能技术的运用，传统产业可以实现生产过程的智能化、自动化，提高生产效率和产品的竞争力。

除此之外，人工智能在传统产业中的应用还可以拓展产业的创新能力。人工智能技术可以帮助传统产业更好地挖掘和利用数据，实现数据驱动的生产和管理模式，提升企业的创新能力和竞争力。人工智能技术的应用还可以帮助传统产业发现新的市场机会，拓展产品和服务的范围，实现产业的快速跨越发展。

总的来看，数字经济对传统产业的影响是全方位的，通过数字化、智能化和人工智能技术的应用，传统产业得以优化改造，迈向更加高效、智能和创新的发展道路。随着数字经济的不断发展壮大，人工智能在传统产业中的应用将会呈现出更加广阔的前景和潜力，为传统产业的发展注入新的动能。传统产业在数字经济浪潮下不断挑战和超越自我，谱写出新的发展篇章，实现产业的转型升级和可持续发展。

(三) 传统产业数字化创新的盈利模式探讨

数字经济对传统产业发展的影响是深远的，它重新定义了产业发展的路径和方式。数字经济的兴起不仅改变了传统产业的商业模式，也激发了传统产业的创新活力。通过数字化技术的应用，传统产业在生产、营销、管理等方面实现了全面的优化与改造，提升了效率和竞争力。

数字经济为传统产业带来了更多的发展机遇和挑战。传统产业通过数字化技术的运用，可以更好地适应市场需求的变化，实现效率和效益的提升。同时，数字经济也对传统产业的经营模式进行了重塑，加速了传统产业升级转型的步伐。在数字经济的背景下，传统产业必须不断地积极创新，寻求新的盈利模式。

传统产业数字化创新的盈利模式探讨是当下的热点问题之一。传统产业如何通过数字化技术实现盈利，是一个值得研究和探讨的问题。数字经济的发展为传统产业提供了更多的商业模式和盈利途径，如跨界合作、平台化运营、数据价值挖掘等。传统产业需要不断地创新，探索适合自身发展的盈利模式，实现可持续发展和竞争优势。

数字经济对传统产业的影响是全方位的，它为传统产业带来了新的发展机遇和挑战。传统产业必须不断地进行优化与改造，通过数字化创新实现盈利，实现经济效益和社会效益的双赢。传统产业数字化创新的盈利模式探讨，将为产业发展和创新提供新的思路和路径。在数字经济的浪潮中，传统产业有望实现转型升级，迎接更加繁荣的发展前景。

传统产业数字化创新的盈利模式探讨是当前经济发展的重要议题之一。随着数字经济的飞速发展，传统产业正面临着前所未有的变革和挑战。在这个数字化的时代背景下，传统产业不得不重新审视自身的经营模式和盈利方式。通过数字化技术的运用，传统产业可以实现生产流程的数字化和智能化，提高生产效率和产品质量，降低生产成本。数字化创新还可以为传统产业带来更多的商机和增长点，拓宽盈利空间。

在数字经济的浪潮中，传统产业需要不断进行转型升级，积极拥抱技术创新，探索适合自身发展的盈利模式。例如，建立跨界合作，与其他行业进行合作共赢，实现资源共享和优势互补；借助平台化运营，将传统业务整合到互联网平台上进行经营，实现线上线下融合发展；深入挖掘数据的潜力，利用大数据分析技术探索潜在商机，开拓新的盈利领域。

传统产业数字化创新的盈利模式探讨，不仅是经济发展的需要，也是传统产业转型升级的必由之路。只有紧跟时代潮流，不断创新和改革，传统产业才能在激烈的市场竞争中立于不败之地，实现可持续发展和永续经营。数字经济为传统产业带来了新的商机和发展空间，传统产业必须敢于探索和实践，不断深化数字化转型，把握时代机遇，实现经济效益和社会效益的双赢局面。随着数字经济的蓬勃发展，传统产业有望焕发出新的活力，实现更加繁荣的发展前景。

三、传统产业数字化转型的成功案例分析

（一）从传统企业到数字产业的转变

数字经济所带来的变革，使传统产业面临着前所未有的挑战和机遇。在数字经济背景下，传统产业不仅需要适应新的市场需求和消费习惯，更需要进行数字化转型，以适应快速变化的商业环境。成功的数字化转型案例如阿里巴巴、腾讯等企业，展现了数字经济下产业发展的新模式和路径。这些企业通过整合互联网技术、大数据分析和智能化系统，使传统业务得以转型，

实现了业务的创新和发展,取得了显著的成效。从传统企业到数字产业的转变过程中,企业需要不断进行技术升级和管理创新,注重人才培养和员工素质提升,以适应数字经济时代的要求。传统企业虽面临庞大的挑战,但只有不断学习和变革,才能在数字经济的浪潮中找到新的机遇和发展空间。

数字经济的快速发展,已经深刻改变了整个产业格局。随着人们生活方式的变革和技术的不断创新,传统企业只有不断提升自身的数字化能力,才能在激烈的市场竞争中生存和发展。在数字经济时代,未来属于那些能够快速适应变化、灵活应对风险的企业。

数字化转型并非一蹴而就的过程,企业需要精心规划和有效实施。企业需要建立一个清晰的数字化战略,明确转型的目标和路径。企业应该加大对人才的培养和引进力度,构建一支懂技术、懂市场、懂商业的专业团队。同时,企业还要加强内部管理创新,建立灵活高效的组织结构和决策机制。

成功的数字化转型案例告诉我们,只有不断创新,勇于变革,企业才能在数字经济的大潮中抢得先机。随着科技的飞速发展,数字经济的浪潮势不可挡,传统企业若不能及时跟上步伐,势必会被市场所淘汰。因此,建议传统企业要勇敢面对挑战,把握机遇,不断学习、不断创新,才能在数字经济的浪潮中立于不败之地,实现长远发展。

(二)传统企业数字化转型管理策略

数字经济的快速发展给传统产业带来了巨大的挑战和机遇。在数字经济的背景下,传统产业必须适应新的市场环境,调整商业模式,提升数字化转型的速度和效率。传统企业数字化转型管理策略至关重要,它涉及到企业组织结构、人才培养、技术应用、数据分析等方面的全面升级和改进。

要实现传统企业的数字化转型,首先需要认清数字经济的影响,及时调整战略方向,制定与数字经济发展相适应的发展规划。传统企业应该通过引入新技术、培养数字化人才,加快企业内部的数字化转型进程。传统企业还需要加强对数据的管理和分析,以便更好地把握市场变化、预测未来发展趋势。同时,建立完善的数字化转型管理体系是数字化转型的关键,可以帮助企业更好地协调各部门的工作,提升工作效率,提高市场竞争力。

成功的数字化转型案例也给传统产业提供了宝贵的借鉴经验。通过学习这些成功案例，传统企业可以更好地了解数字化转型的路径和规律，找到适合自身发展的数字化转型管理策略。数字经济对传统产业发展的影响是深远的，传统企业如果不能及时做出调整，可能会在激烈的市场竞争中失去竞争力，甚至被市场淘汰。

在数字经济的时代，传统产业数字化转型是必然的趋势。传统企业必须认清形势，审时度势，制定科学合理的数字化转型管理策略，加快转型的步伐，以适应新的市场环境，抢占数字经济发展的先机。只有不断创新，不断调整，传统企业才能在数字经济浪潮中立于不败之地，取得更大的发展空间和机遇。

数字化转型不仅涉及技术变革，更需要有效的管理策略和组织协调。在实施数字化转型过程中，传统企业需要通过建立跨部门协作机制，提高信息共享和沟通效率，加快决策执行速度，以应对市场竞争压力。成功的数字化转型案例表明，重视人才培养和组织文化转型同样至关重要。只有建设具备数字化能力的团队，培养具备数字化思维的员工，传统企业才能在数字经济时代中立于不败之地。传统企业还需制定全面的数字化战略规划，明确发展目标和路线图，根据市场需求和技术趋势灵活调整数字化转型策略，以实现持续增长和竞争优势。面对数字经济带来的变革，传统企业必须敢于创新，勇于改变，不断优化业务流程和运营模式，以适应新的市场环境，实现企业的可持续发展。只有不断适应变化，不断学习和进步，传统企业才能在数字化转型的道路上披荆斩棘，走向成功的彼岸。

(三) 数字化转型下的人力资源管理实践

数字经济的快速发展对传统产业带来了巨大的冲击，传统产业不得不经历数字化转型的过程。然而，数字化转型并非易事，需要企业有足够的实力和资源来应对挑战。在这个过程中，一些成功的案例为我们提供了宝贵的经验和启示。通过对这些案例的分析，我们可以看到数字化转型可以为传统产业带来新的增长机遇，也可以提升企业的竞争力。人力资源管理在数字化转型中扮演着重要的角色，如何有效地管理和培养人才对企业的发展至关重要。因此，数字化转型下的人力资源管理实践成为了企业需要重视和关注的重点。通过有效的人力资源管理实践，企业可以更好地适应数字化转型的需求，提升员工的绩效和创新能力，从而实现可持续发展。在数字经济浪潮下，传统产业需要不断完善相关管理机制，以应对市场的不断变化。数字化转型下的人力资源管理实践需要不断创新和调整，以适应新的数字化环境。只有不断学习和改进，企业才能在数字经济时代中保持竞争优势，实现长期发展。

数字化转型已经成为企业发展的必然趋势，对于人力资源管理来说，也意味着面临着新的挑战和机遇。在数字化转型的浪潮下，企业需要重视人才培养和管理，以应对市场的变化和竞争的挑战。有效的人力资源管理实践可以帮助企业建立灵活的组织结构，激发员工的创新潜力，提高公司的竞争力。

在数字经济时代，企业需要注重员工的技能培训和发展，以适应新的数字化环境。通过建立健全的培训机制和激励机制，可以吸引和留住优秀的人才，为企业的发展注入新的活力。数字化转型下的人力资源管理还需要注重员工的工作体验和福利待遇，提升员工的工作满意度和忠诚度。

企业在数字化转型中还需加强与外部人才市场的联系，不断引进新的人才和思维方式，促进企业的创新和发展。通过建立合作关系和共享资源，可以实现人才的优化配置和知识的共享，为企业赢得更多的机遇和竞争优势。

数字化转型下的人力资源管理实践是企业发展的关键之一，需要结合实际情况制定个性化的人才管理策略，不断调整和优化管理机制，以适应数字化时代的发展需要。只有不断探索和创新，企业才能在激烈竞争的市场中立于不败之地，实现持续发展和长期成功。

第二节 数字经济时代新兴产业发展模式

一、新兴数字经济产业概述

（一）互联网经济的发展历程和趋势

数字经济的快速发展对传统产业产生了深远影响。传统产业在数字经济的冲击下，必须进行数字化转型以适应市场需求。成功案例分析表明，传统产业通过数字化转型,可以实现更高效的生产方式和更广阔的市场覆盖。数字经济时代涌现了许多新兴产业发展模式,这些新兴产业在数字化、智能化和网络化方面具有独特优势。在新兴数字经济产业中,互联网经济扮演着重要角色,其发展历程经历了从起步到蓬勃发展的过程,其未来发展趋势将更加多元化和智能化。

数字经济时代的快速崛起改变了传统产业的发展路径,迫使其进行数字化转型。在数字化转型的过程中,许多传统企业发现了新的商机和发展机会,通过引入先进的技术和理念,实现了生产效率的提升和市场竞争力的增强。与此同时,新兴数字经济产业也在迅速崛起,呈现出数字化、智能化和网络化的特点,为经济发展注入了新的活力和动力。

互联网经济作为新兴产业中的重要一环,扮演着连接各行各业的桥梁和纽带角色。其发展历程经历了起步阶段的试错和摸索,到蓬勃发展阶段的迅速扩张和创新突破。互联网经济的发展不仅改变了人们的生活方式和消费习惯,也为传统产业带来了前所未有的挑战和机遇。随着技术的不断升级和创新,互联网经济的未来发展趋势将更加多元化和智能化,这将促进整个经济体系向着数字化、智能化和网络化的方向迈进。

在这个数字经济时代,无论是传统产业还是新兴数字经济产业,都需要不断更新观念,加强创新,适应市场的快速变化。只有不断拓展思维,积极应对挑战,才能在激烈的竞争中立于不败之地。数字经济的快速发展为各行各业带来了无限可能,唯有抓住机遇,不断进取,才能在这个飞速发展的时代走得更远,取得更大的成功。

(二)人工智能、大数据、区块链等新兴产业概念

数字经济正在对传统产业发展产生深远影响,推动了传统产业的数字化转型。本文将通过成功案例分析,探讨数字经济时代新兴产业的发展模式,以及新兴数字经济产业的概述。在这一过程中,人工智能、大数据、区块链等新兴产业概念将扮演关键角色,引领未来产业发展的趋势。

数字经济崛起,传统产业也在不断受到影响和挑战。新兴产业概念的涌现,如人工智能、大数据、区块链等,正成为推动产业变革和创新的重要引擎。在数字经济时代,企业和组织面临着转型的压力和机遇。通过成功案

例的深入分析,我们可以看到,这些新兴产业不仅改变了传统产业的生产方式和管理模式,还促进了产业结构和商业模式的重构。

人工智能的智能化技术,使得生产和服务更加自动化和智能化,提升了效率和质量。大数据的应用,让企业可以更准确地洞察市场需求和消费趋势,实现精准营销和业务决策。区块链技术的运用,则为数据安全和信任建立提供了新的解决方案,推动了数字经济的发展和创新。这些新兴产业概念的融合和应用,正不断拓展着新的商业领域和市场空间。

随着数字经济时代的到来,传统产业正在经历着前所未有的转型和变革。新兴数字经济产业的崛起,将引领着未来产业发展的趋势,开启着全新的商业模式和产业生态。而人工智能、大数据、区块链等新兴产业概念,将成为关键的技术支撑和驱动力量。只有不断跟上数字经济的步伐,紧跟新兴产业发展的脚步,企业和组织才能在激烈的市场竞争中立于不败之地,实现持续创新和可持续发展。数字经济时代的大潮中,我们必须敢于变革和创新,把握住新兴产业的机遇,迎接未来的挑战。

(三)新兴数字经济产业的特点和发展趋势

数字经济对传统产业发展的影响:在数字经济时代,传统产业受到了前所未有的冲击和挑战。数字技术的快速发展改变了传统产业的生产方式和经营模式,推动了传统产业向数字化、网络化和智能化转型升级。传统产业数字化转型的成功案例分析:通过深入挖掘传统产业数字化转型的成功案例,可以发现一些宝贵的经验和启示,为其他传统产业的数字化转型提供有益借鉴。数字经济时代新兴产业发展模式:在数字经济时代,新兴产业蓬勃发展,呈现出多样化、创新性和高效率的特点。新兴数字经济产业概述:新兴数字经济产业以其高速发展、较高增长率、强大的创新能力和广阔的市场前景而备受关注。新兴数字经济产业的特点和发展趋势:新兴数字经济产业具有高度数字化、智能化、网络化和全球化的特点,未来发展趋势更加多元化和可持续。

新兴数字经济产业的特点和发展趋势正在引领着全球经济的变革与创新。随着数字技术的不断发展和应用,传统产业不再止步于简单的数字化转型,而是逐步向智能化、自动化发展。这种变革不仅改变了产业的生产方式和经营模式，也催生了新的商业模式和产业链生态系统。新兴数字经济产业的蓬勃发展，不断涌现出各种创新型企业和高科技产品，为全球经济注入了新的活力和动能。

在数字经济时代，新兴产业的发展模式日益多样化和灵活化，创新性成为企业竞争的核心优势。通过不断引入先进的技术和理念，新兴数字经济产业不断迭代和升级，不断探索新的商业模式和市场机会。随着全球市场的不断开放和数字化技术的普及，新兴数字经济产业具有更广阔的发展空间和更多的合作机会，呈现出高速发展、多元化和可持续的发展趋势。

在新兴数字经济产业的发展过程中，风险和挑战也随之而来。随着全球数字经济产业的竞争加剧和技术进步的不断推动，企业需要不断提升自身的创新能力和竞争力，以适应市场的变化和挑战。同时，随着数字经济的全球化发展趋势，企业需要不断拓展国际合作和市场开拓，积极参与全球价值链的构建和参与，实现更高水平的互利共赢。

总的来说，新兴数字经济产业的特点和发展趋势体现了数字技术对经济社会发展的深远影响和巨大潜力。只有不断加强创新能力、拓展国际合作，才能在全球数字经济产业的竞争中立于不败之地，实现可持续发展与共赢局面。

二、新兴数字经济产业发展策略

(一)新兴产业的政府引导与支持

数字经济的发展深刻影响着传统产业，促使其进行数字化转型，提升生产效率和产品质。通过成功案例分析，可以看到在数字经济时代，新兴产业采用了更加灵活的发展模式，不断探索创新路径，实现了可持续增长。针对新兴数字经济产业，制定了一系列发展策略，包括建设数字化基础设施、培育数字人才、促进产业融合发展等。政府在新兴产业发展过程中起着重要的引导和支持作用，为新兴产业创造良好的发展环境，推动其快速成长。

数字经济的发展不仅影响传统产业，也带动了新兴产业的崛起。在数字经济时代，新兴产业在政府的引导和支持下，积极探索前进道路，不断创新发展模式，取得了显著的成就。通过一系列成功案例的分析可以看到，新兴数字经济产业采用了更加灵活的发展策略，包括构建数字化基础设施、培养数字人才、促进各产业融合发展等。政府在这一进程中发挥着重要的引导和支持作用，为新兴产业创造了良好的发展环境，推动着其快速增长。

在数字经济的浪潮下，新兴产业蓬勃发展，不断迭代创新，逐渐改变了传统经济模式。这些新兴产业不仅提升了生产效率和产品质量，还为我国经济的全面升级做出了重要贡献。政府的引导和支持使得新兴产业得以迅速壮大，助力着数字经济的蓬勃发展。

在数字经济浪潮的推动下，新兴产业展现出了强大的生命力和创新能力。政府在新兴产业的发展中不遗余力地提供支持和引导，为新兴产业的创新探索提供了宽广的舞台。通过政府的引导和支持，新兴产业得以蓬勃发展，逐步壮大成为国民经济的支柱产业之一。随着新兴产业的不断壮大，数字经济时代的美好愿景也在逐渐实现，为我国经济的全面升级打下了坚实的基础。

(二) 新兴数字产业的创新模式探索

近年来，数字经济的快速发展对传统产业产生了深远影响。许多传统产业纷进行数字化转型，寻求新的发展路径。成功案例表明，数字经济时代对产业发展提出了新的要求，也为新兴产业的崛起提供了机遇。在这样的背景下，新兴数字产业的发展模式和创新策略备受关注。许多企业开始探索适应数字经济时代的新形式，不断革新创新，提升核心竞争力。新兴数字产业的创新模式探索成为当前研究的热点之一，寻求适应数字经济发展的新路径。

近年来，随着数字经济的高速发展，各行各业都面临着前所未有的挑战和机遇。传统产业在数字化浪潮下，必须积极转型升级，探索适应新时代需求的发展模式。同时，新兴数字产业如虚拟现实、人工智能、区块链等也在迅速崛起，为经济发展注入了新的活力。

在新兴数字产业的创新模式探索中，不少企业通过技术创新和商业模式创新，取得了令人瞩目的成就。例如，一些公司将人工智能技术应用于自动化生产线，提高了生产效率和产品质量；还有一些企业利用区块链技术实现供应链的透明化和追溯性，增强了消费者对产品的信任度。

新兴数字产业的创新也催生了新的商业生态和消费模式。共享经济、互联网医疗、智能物流等领域日益受到关注,这些新兴模式不仅改变了传统产业的竞争格局,也深刻影响着人们的生活方式和消费习惯。

在数字经济时代,要想在激烈的市场竞争中立于不败之地,企业必须不断进行创新,追求卓越。只有不断探索适应数字经济发展的新路径,不断革新创新,提升核心竞争力,才能在激烈的市场竞争中脱颖而出。随着新兴数字产业的不断成熟和壮大,相信在不久的将来,数字经济将成为推动经济增长和社会发展的强大引擎,改变着我们的生活和工作方式。

(三)新兴数字经济产业的国际合作与竞争

新兴数字经济产业的国际合作与竞争在全球范围内日益受到关注。随着数字经济的不断发展,各国之间的合作与竞争也变得更加激烈。在国际合作方面,各国可以通过共享技术和资源,促进产业发展和创新,实现互利共赢。同时,在国际市场竞争中,新兴数字经济产业需要不断提升自身的竞争力,寻找创新的发展路径,以在激烈的市场竞争中脱颖而出。通过加强国际合作和不断提升竞争力,新兴数字经济产业将能够在全球市场中取得更大的发展机遇,实现更加可持续的发展。

随着全球数字经济产业的迅速蓬勃发展,国际合作和竞争的重要性日益凸显。各国在新兴数字经济产业领域展开的密切合作,不仅有助于加快技术创新和资源共享的步伐,也为产业的全面发展提供了更广阔的空间。而在国际市场竞争中,新兴数字经济产业必须不断提升自身的核心竞争力,积极寻找创新的发展路径,以巩固在市场中的地位。

在国际合作方面,各国可以共同探讨数字经济发展的战略方向,开展跨国合作项目,推动全球数字经济产业链的协同发展。通过共享技术、资源和市场信息,各国可以互相促进,实现优势互补,共同应对数字经济产业面临的挑战和机遇。同时,不同国家之间的合作模式也在不断创新和完善,为新兴数字经济产业的国际化发展提供了更有力的支持。

在国际市场竞争中,新兴数字经济产业需要注重提升产品和服务的质量,不断创新商业模式和运营机制,拓展市场份额。同时,加强与国际知名企业和机构的合作,吸收先进的管理经验和技术理念,提高自身的核心竞争力。只有在持续不断的创新和发展中，新兴数字经济产业才能在国际市场上脱颖而出，实现更加稳健的增长。

通过加强国际合作和不断提升竞争力，新兴数字经济产业将能够更好地适应全球市场的快速变化，抓住发展机遇，实现更加可持续的发展。在全球数字经济产业的浪潮中，各国应紧密合作，共同推动数字经济产业的跨越发展，为全球经济的繁荣做出积极贡献。

三、新兴数字产业成功案例分享

（一）独角兽公司的成功案例分析

随着数字经济的快速发展，传统产业受到了前所未有的影响。许多企业开始意识到数字化转型的重要性，并积极改变发展策略。一些成功的企业案例表明，通过数字化转型，传统产业可以实现业务模式创新，提升效率和竞争力。

新兴数字经济时代带来了许多新兴产业的发展模式。这些新兴产业以技术创新和数字化为核心，注重用户体验和数据驱动，不断探索新的商业模式。一些新兴数字产业在市场竞争中崭露头角，成为行业的领军者。

独角兽公司是指那些在短时间内估值超过 10 亿美元的创新型公司。这些公司往基于数字技术，通过创新的商业模式和服务，迅速获得市场认可和资本青睐。独角兽公司的成功案例分析可以为其他企业提供借鉴，启发它们实现数字化转型和创新发展的路径。

（二）创新型企业在新兴产业的探索与实践

在数字经济的时代，传统产业不可避免地受到了影响，数字化转型成为了必然趋势。很多传统产业纷开始探索新的发展路径，以适应数字经济的发展需求。其中，一些成功的案例表明，通过数字化转型，传统产业可以实现全新的发展模式，使其更加具有竞争力。

数字经济时代催生了许多新兴产业，这些产业以数字技术为基础，正在不断探索新的发展模式。这些新兴产业的成功案例给予了许多传统产业以启示，激发了它们对数字化转型的积极性。通过学习新兴产业的经验和方法，传统产业可以更好地把握数字经济时代的发展机遇。

创新型企业在新兴产业中的探索与实践，不仅推动了产业的创新和发展，也促进了数字经济的繁荣。这些企业以其敏锐的市场洞察力和创新意识，不断开拓新的市场空间，推动了产业结构的优化和升级。他们的成功经验也为其他企业提供了宝贵的借鉴，帮助它们在数字经济时代中抢占先机，取得更大的发展机遇。

数字经济对传统产业的影响无可避免，但这也为传统产业带来了发展的新机遇。通过数字化转型，传统产业可以在新兴产业的发展模式中找到适合自身发展的路径，实现由传统到现代的转变。在探索和实践中不断创新，可以让企业在数字经济时代中抢得先机，实现更加可持续的发展。

(三)新兴数字产业的未来发展前景预测

随着数字经济的蓬勃发展，传统产业面临着巨大的变革和挑战。传统产业数字化转型已成为必然趋势，不少企业积极响应数字经济发展的号召，取得了令人瞩目的成就。在数字经济时代，新兴产业呈现出多元化发展模式，不断涌现出一批杰出的成功案例，为产业发展注入了新的活力。

随着数字技术的不断革新和应用，新兴数字产业在各个领域蓬勃发展。这些新兴数字产业积极探索创新发展路径，注重技术研发和市场拓展，展现出强大的竞争实力和市场影响力。值得一提的是，一些新兴数字产业成功案例在市场中取得了突出成绩，为行业发展树立了榜样。

展望未来，新兴数字产业有望获得更大的发展空间和机遇。随着数字经济的不断深化和扩大，新兴数字产业将迎来更广阔的市场，拥有更多的创新机遇和发展空间。同时，新兴数字产业还将面临着市场竞争的激烈和技术变革的挑战，需要不断加强技术创新和市场拓展，提升核心竞争力，保持行业领先地位。

总的来说，新兴数字产业的未来发展前景仍然充满希望和挑战。只有不断创新、提高竞争力，才能在数字经济的浪潮中立于不败之地，实现持续稳健发展，为产业发展和经济增长注入新的活力。

新兴数字产业的未来发展前景依然值得期待，随着科技的不断进步和数字经济的蓬勃发展，新兴数字产业将迎来更多的机遇和挑战。在全球化竞争日益激烈的背景下，新兴数字产业需要加大技术创新和市场拓展的力度，不断提升自身的核心竞争力，以在激烈的市场竞争中立于不败之地。

值得一提的是，一些新兴数字产业成功的案例为行业发展树立了榜样，它们的成功经验值得借鉴和学习。未来，新兴数字产业有望在市场上获得更大的发展空间和影响力，但同时也要面对市场竞争的激烈和技术变革的挑战。只有不断创新，不断提高自身的竞争力，新兴数字产业才能在激烈的市场竞争中脱颖而出，实现持续稳健的发展。

随着数字经济的进一步深化和扩大，新兴数字产业将迎来更广阔的市场和更多的创新机会，但也需要时刻保持警惕，不断学习和适应市场的变化。只有站在技术创新和市场拓展的前沿，才能保持行业的领先地位，实现更大的发展和壮大。

新兴数字产业的未来发展前景充满着机遇和挑战，只有不断努力、不断创新，才能在数字经济的浪潮中稳步前行，为行业的进步和经济的繁荣贡献力量。

（四）新兴数字产业的投资与融资策略

数字经济已经深刻地改变了传统产业的发展模式，推动着传统产业向数字化转型。通过成功案例的分析可以更加清晰地看到这种影响。在数字经济时代，新兴产业发展模式也逐渐浮出水面，其成功案例更是值得我们深入研究和借鉴。投资与融资策略在新兴数字产业的发展中扮演着至关重要的角色，对于企业的发展起到了关键性的支持作用。随着数字产业的兴起，投资与融资策略也在不断地创新和完善，帮助新兴数字产业实现了快速而稳定的发展。

数字经济的快速发展让传统产业感受到了强烈的冲击，迫使它们加快了数字化转型的步伐。在这个过程中，新兴数字产业逐渐展现出其强大的生命力和创新能力，成为引领产业发展的新力量。通过研究成功案例，我们可以看到，投资与融资策略在新兴数字产业中发挥着至关重要的作用。这些策略不仅帮助企业获得资金支持，还能提供发展方向和战略指导，为企业的持续发展提供保障。

随着数字经济的迅速崛起，投资与融资策略也在不断地演变和完善。

传统的融资模式已经无法满足新兴数字产业快速发展的需求，不断涌现出各种创新的融资方式，如天使投资、风险投资、众筹等。这些新型的融资方式不仅为企业提供了更多的资金来源，还能为投资方和企业创造更多的合作机会和价值。投资与融资策略的创新不仅助力企业实现了快速增长，也推动了整个数字产业生态的持续繁荣。

在新兴数字产业中，投资与融资策略的重要性不容忽视。企业需要不断地探索和实践适合自身发展的融资方式，寻求更多的资金支持和战略合作。只有在不断创新的投资与融资策略的支持下，新兴数字产业才能夯实发展的基础，实现持续稳定的增长。随着数字经济的不断深化，我们有理由相信，投资与融资策略的创新将为新兴数字产业带来更广阔的发展空间，让其在未来更加璀璨夺目。

第三节　数字经济下产业结构优化与升级

一、产业结构调整的背景和意义

（一）传统产业结构的弊端与挑战

传统产业结构的弊端与挑战在当前数字经济快速发展的背景下愈发凸显。传统产业的发展往依赖于劳动密集型生产模式，生产效率低、产品同质化严重，竞争力不足。受制于传统的管理模式和技术手段，很难适应市场的快速变化和消费者需求的多样化。传统产业结构往过于集中在低附加值领域，长期依赖人工资源且劳动力成本逐渐上升，降低了整体的竞争力。同时，传统产业的发展受到能源消耗过度、环境污染严重等问题的困扰，影响了可持续发展。

在数字经济时代，传统产业结构的弊端与挑战迫切需要解决。随着数字技术的广泛应用，生产效率得到提升，传统产业数字化转型也成为必然选择。通过数字化转型，传统产业可以实现生产模式的创新，提高产品质量和服务水平，拓展市场份额，增强核心竞争力，实现高质量发展。数字经济时代涌现了一大批新兴产业，这些产业以数字技术为支撑，具有创新性和高附加值，成为推动产业升级的有力引擎，为传统产业的转型升级提供了新的机遇和路径。

总的来看，传统产业结构的弊端与挑战虽然存在，但是在数字经济时代也正面临着空前的发展机遇。只有不断推进数字化转型，加快产业结构优化与升级，才能适应经济发展的新常态，实现产业的可持续发展和经济的高质量增长。

在数字经济时代，传统产业结构的弊端与挑战愈发显著。随着全球化的加速和市场竞争的不断加剧，传统产业面临着来自新兴产业的冲击和挑战。为了适应这一新的经济环境，传统产业必须加快转型升级的步伐，不断提升自身的创新能力和竞争力。

数字经济时代的到来不仅带来了挑战，也为传统产业带来了前所未有的机遇。随着科技的不断进步和数字化技术的广泛应用，传统产业有了更多的空间进行创新和优化。通过数字化转型，传统产业可以实现生产方式的升级，产品质量和服务水平的提升，从而增强自身的市场竞争力和核心竞争力。

除此之外，在数字经济时代的浪潮下，传统产业还可以借助新兴技术的支持，拓展新的业务领域，开拓新的市场空间。通过与新兴产业的合作与创新，传统产业可以实现资源的共享和优势互补，实现跨界融合发展，助力传统产业实现全面转型和升级。

因此，针对传统产业结构的弊端与挑战，我们需要不断开拓思路，加速技术应用和创新，促进产业结构的升级和优化。只有在加快数字化转型的道路上不断探索和前进，传统产业才能在数字经济时代中立于不败之地，实现持续发展和高质量增长。

(二) 数字经济对产业结构调整的影响

数字经济的快速发展对传统产业造成了深刻的影响，推动了传统产业的数字化转型。通过成功案例分析可以看到，一些企业利用数字技术，成功实现了传统产业向数字化转型的目标。在数字经济时代，新兴产业的发展模式也得到了革新和升级，一些新兴数字产业蓬勃发展，取得了令人瞩目的成就。数字经济的兴起也促使传统产业进行结构优化和升级，为产业的可持续发展注入了新的活力。产业结构调整的背景和意义值得深入探讨,数字经济对产业结构调整的影响也是不容忽视的。在数字经济的推动下,产业结构调整不仅可以提升产业的竞争力,还可以促进经济的健康发展。

数字经济的迅速崛起改变了传统产业的面貌,许多企业积极应对这一趋势,通过数字技术的运用实现了产业转型升级。以互联网、人工智能、大数据等为代表的新兴数字产业蓬勃发展,涌现了一大批具有创新意识和技术优势的企业。这些企业利用数字化技术实现高效生产、供应链优化和市场拓展,取得了显著的商业成就。

在数字经济时代,传统产业也在不断进行着结构调整和优化。某些传统行业积极引入数字技术,提高生产效率和产品质量,实现了生产方式和管理模式的革新。在数字化转型的浪潮中,传统产业焕发出新的生机和活力,实现了由传统向现代的跨越。

数字经济的推动也促使产业结构不断升级,提升了整体经济的竞争力。针对市场需求的变化和技术进步,各行各业都在积极调整产业布局和产品结构,加速推动产业升级。产业结构的调整和优化为经济的可持续发展提供了新的动力和支撑,为未来经济的发展奠定了坚实的基础。

总的来看,数字经济对产业结构的调整产生了深远影响,推动了传统产业的数字化转型,激发了新兴数字产业的发展潜力。在数字经济的引领下,产业结构的优化和升级将持续推动经济的发展,为建设数字经济新体系贡献力量。

(三) 产业结构优化的政策与措施

在数字经济的浪潮下,传统产业受到了深刻的影响。许多行业面临着数字化转型的挑战和机遇,需要不断变革和创新以适应新的市场环境。通过成功案例的分析,我们可以看到一些企业在数字化转型过程中取得了显著的成果,实现了产业升级和优化。同时,在数字经济时代,新兴产业也展现出了全新的发展模式,通过科技创新和跨界合作,推动着产业结构的优化和升级。

产业结构调整的背景和意义不言而喻,随着数字经济的快速发展,传统产业所面临的挑战日益增加,产业结构的不合理性也日益突显。因此,优化产业结构成为当务之急。政府出台了一系列政策与措施，以促进产业结构的优化和升级。这些政策与措施的出台，不仅可以引导企业加强科技创新，提高产业竞争力，还可以推动经济持续健康发展，实现产业的可持续发展和转型升级。

要实现产业结构优化，政府需要积极引导企业加大科技创新投入，推动产业技术水平的提升，培育新的增长点。同时，政府还应加强产业政策的制定和实施，优化产业发展环境，营造有利于企业创新和发展的氛围。政府还需要加强与企业、科研机构和社会各界的合作，建立产学研用合作机制，促进科技成果的转化和应用，推动产业向智能化、绿色化、数字化转型升级。

产业结构的优化和升级是数字经济时代的必然要求，政府和企业需要共同努力，加强合作，共同推动产业的创新发展，实现产业的可持续发展和长期繁荣。只有在数字经济的大潮下，不断探索和创新，才能赢得新的发展机遇，实现产业的转型升级和跨越式发展。

产业结构的优化和升级是当今社会发展的必然趋势，具有重要意义。政府应当全力支持和鼓励企业加大科技创新力度，促进产业技术水平的不断提高。同时，政府还需不断完善产业政策，打造有利于企业发展创新的环境。加强政府与企业、科研机构、社会各界的合作，共同推动科技成果的转化和应用，推动产业向智能化、绿色化、数字化的方向转型升级。

在数字经济时代，我们要不断适应新的发展趋势，勇于创新，实现产业良性发展。政府和企业应当携手合作，共同探索新的发展机遇，推动产业跨越式发展。只有不断学习和改进，才能在激烈的市场竞争中占据优势地位，实现产业的长远繁荣。

要实现产业结构的优化和转型升级，我们需要借助信息技术和数字化工具，提升产业效率和质量。推动传统产业向数字化转型，加强人才培养和科技创新意识，培育新的增长点。同时，政府也要完善相关政策法规，创造公平竞争的市场环境，为企业发展提供更多的支持和保障。

产业的转型升级是一个复杂而漫长的过程，需要政府、企业和社会各界的共同努力。只有紧跟时代脚步，积极应对挑战，才能实现产业的可持续发展和长期繁荣。愿我们共同努力，推动产业发展，迎接数字经济时代的挑战与机遇。

二、产业升级转型的实践与方法

(一) 产业升级的定义和关键要素

产业升级是指利用先进技术和管理理念，通过改造、升级和优化产业结构，提高产业附加值和竞争力的过程。关键要素包括技术创新、人才培养、市场拓展、资本投入、政策支持等方面。技术创新是产业升级的核心，能够带动产业结构优化和提升产业竞争力。人才培养是产业升级的基础，培养出符合产业发展需求的专业人才和技术人才至关重要。市场拓展是产业升级的动力，开拓新市场、探索新业务模式可以实现产业的快速发展。资本投入是产业升级的保障，充足的资金支持可以推动产业技术升级和结构优化。政策支持是产业升级的保障，政府对产业发展提供的政策支持和指导可以促进产业升级的顺利进行。通过以上关键要素的综合运用，产业升级可以实现从传统产业向数字经济产业的转型和升级，为经济发展带来新的动力和活力。

产业升级是一个综合性的过程，需要从多个方面综合考虑和推动。除了技术创新、人才培养、市场拓展、资本投入和政策支持外，还需要注重产业链的延伸和升级、产品质量的提升、品牌建设的加强等方面。产业升级不仅是简单地提高产业附加值和竞争力，更重要的是要实现产业的可持续发展和创新发展。在实施产业升级过程中，务必要注重绿色可持续发展，促进资源的合理利用和环境保护，实现经济效益和社会效益的双赢。同时，要加强与国际市场的对接和交流，提升国际竞争力，推动产业向全球价值链中高端发展，实现产业升级的内生动力。在政策支持方面，需要建立健全的产业政策体系，完善产业支持机制，为产业升级提供良好的政策环境和制度保障。最终，通过上述的努力和措施，产业升级可以实现转型升级，推动经济实现高质量发展，为国家经济的可持续发展奠定坚实的基础。

(二) 产业升级策略的设计与执行

在数字经济的浪潮下，传统产业正在面临前所未有的挑战和机遇。数字经济以其高效的信息传递和资源整合能力，对传统产业发展产生了深远的影响。通过数字化转型，传统产业可以实现生产方式和商业模式的升级，提升市场竞争力。以传统制造业为例，通过引入互联网和大数据技术，可以实现智能化生产和定制化生产，满足消费者个性化需求。

在数字经济时代，新兴产业的发展模式也在不断创新。例如，共享经济、区块链、人工智能等领域的新兴数字产业，以其高速发展和创新性，取得了巨大成功。通过数字经济的支撑，这些新兴产业得以快速成长，成为经济增长的新引擎。

数字经济还推动着产业结构的优化与升级。在数字经济时代，传统产业需要不断改造提升，以适应市场需求的变化。产业结构优化与升级，需要实践和方法的支持。只有通过深入研究市场趋势，深化产业链整合，优化资源配置，才能实现产业升级的战略目标。

产业升级策略的设计与执行至关重要。在数字经济的背景下，产业升级策略需要更加注重创新和技术应用。只有在战略层面进行合理规划，结合市场需求和企业实际情况，才能确保产业升级的顺利进行。同时，策略的执行也至关重要，需要确保各项措施的有效实施和监督，以实现产业升级的可持续发展和增长。

数字经济的飞速发展推动了产业的升级和转型，不仅是技术的进步，更是企业战略的转变和市场需求的变化。产业升级需要从传统的制造业向智能制造业的转型，涉及到人才培养、技术创新、管理体系的优化等方面。在这个过程中，企业需要不断调整自身的思维模式和经营方式，敢于尝试新的模式和方法，才能在激烈的市场竞争中立于不败之地。

随着数字经济的深入发展，企业不仅需要关注自身产品和服务的创新，还需要考虑如何通过数字化技术来提升整体运营效率和灵活性。智能化生产、供应链管理、市场营销等方面的数字化转型，都是产业升级的重要一环。同时，在数字经济时代，企业还需要更加注重数据安全和隐私保护，建立起完善的信息管理系统，以应对日益严峻的网络安全挑战。

产业升级并非一蹴而就，需要企业领导层的深思熟虑和全体员工的共同努力。在设计产业升级策略时，企业需要考虑到外部环境的变化和内部资源的实际情况，合理制定发展目标和路径。执行阶段更需要严格监督和及时反馈，确保各项措施的有效实施和效果评估。只有如此，企业才能在数字经济的新浪潮中谋求长远发展，实现持续增长和创新驱动。

(三) 战略新兴产业的孵化与发展

在数字经济的时代下，传统产业受到了前所未有的影响，数字化转型成为了刻不容缓的课题。然而，成功的案例也在不断涌现，为整个产业发展带来了新的活力。同时，随着数字经济的发展，新兴产业的发展模式也日益成熟，成功的案例不断涌现，为经济结构的优化与升级打下了坚实的基础。在这个过程中，产业升级转型的实践与方法变得尤为关键，需要我们不断探索创新，以应对数字经济带来的挑战和机遇。战略新兴产业的孵化与发展也成为了重要的议题，需要我们更加注重战略规划和资源整合，为新兴产业的发展提供有力支持。在数字经济的浪潮下，我们需要不断创新和拓展思路，引领产业发展的新方向，实现经济效益与社会效益的双赢。

随着科技不断进步和创新，战略新兴产业面临着更多的机遇和挑战。面对着日益激烈的市场竞争，企业需要加强创新意识，积极响应市场需求，不断完善产品和服务，提升竞争力。同时，政府部门也需要加大对新兴产业的支持力度，制定更加完善的政策措施，为新兴产业的蓬勃发展提供更好的环境和条件。

而在实践中，产业升级转型的路径已经清晰，需要企业不断挖掘和发展自身的核心竞争力，加强技术创新和人才培养，促进产业结构的优化和升级。同时，要注重资源整合和产业链协同，构建完善的产业生态系统，实现产业的全面发展和提升。只有通过持续不断的努力和创新，才能在数字经济时代中抢占先机，赢得更大的市场空间和发展机遇。

在未来，随着数字经济的快速发展和普及，战略新兴产业的孵化与发展将成为经济发展的重要支柱，为社会经济的稳步增长和可持续发展注入强劲动力。我们应积极应对数字经济带来的挑战和机遇，不断完善产业转型升级的战略规划，促进新兴产业的蓬勃发展，推动经济结构的优化和升级，助力经济社会实现更好更快发展。

三、产业结构优化的成功案例分享

(一) 中国产业结构调整的成功实践

中国产业结构调整的成功实践在数字经济的浪潮下越发凸显出重要性。数字经济的快速发展对传统产业产生了深远影响,促使传统产业不得不进行数字化转型,以适应新的市场环境。通过成功案例分析,我们可以发现一些传统产业数字化转型的成功经验,这些经验可以为其他产业提供借鉴。

同时,数字经济时代也催生了一批新兴产业,这些产业采用了全新的发展模式,充分利用数字技术和互联网手段,实现了快速发展和创新。这些新兴数字产业成功案例的分享,为产业发展提供了启示,为产业打开了新的发展路径。

产业结构的优化与升级是数字经济时代产业发展的重要课题。通过对成功案例的深入剖析,我们可以看到产业结构优化所带来的巨大效益,同时也可以看到优化过程中的一些关键问题和挑战。中国在产业结构调整方面的成功实践,具有一定的借鉴意义,可以为其他国家和地区提供经验和借鉴。

数字经济对产业发展的影响是全方位的,通过数字化转型、新兴产业发展和产业结构调整,我们可以看到数字经济为产业发展带来了新的机遇和挑战。只有不断探索创新,不断适应市场变化,产业才能在数字经济时代获得持续发展。

数字经济时代的快速发展为中国产业结构调整提供了新的机遇和挑战。通过采用数字技术和互联网手段,中国的产业结构不断优化和升级,实现了产业的快速发展和创新。其中,新兴数字产业的成功案例为中国产业发展指明了新的方向,为各行各业提供了启示。产业结构的调整是当今经济发展的重要课题,通过成功案例的深入剖析,我们可以看到优化带来的巨大效益。

中国在产业结构调整方面的成功实践,对其他国家和地区具有借鉴意义。在数字经济时代,产业的转型和发展离不开数字化技术的支持,只有不断探索创新,不断适应市场变化,才能使产业在数字经济浪潮中蓬勃发展。通过数字化转型、新兴产业的发展以及产业结构的调整,我们能够看到数字经济为产业带来了新的发展路径。

在不断推进产业结构调整的过程中,我们需要不断学习借鉴其他国家和地区的成功经验,同时也要关注优化过程中可能遇到的关键问题和挑战。中国在产业结构调整方面所取得的成就不仅为自身经济发展注入了活力,也为世界各国提供了宝贵的经验和启示。数字经济时代为产业发展带来了新的机遇和挑战,唯有积极适应变化,不断创新,产业才能在竞争激烈的市场中立于不败之地。

(二)产业升级的创新业态案例

在数字经济的浪潮下,传统产业正在经历着巨大的影响和变革。数字经济的发展使得传统产业不得不进行数字化转型,以适应新的市场需求和竞争格局。成功的案例如阿里巴、腾讯等企业的发展经验,为我们提供了宝贵的借鉴和启示。同时,数字经济时代也催生了许多新兴产业,如共享经济、人工智能、物联网等,这些新兴产业以其创新的商业模式和技术手段,彻底改变着产业发展的格局。

在数字经济的推动下,传统产业正在进行着结构优化与升级。一些成功的案例如华为、小米等企业通过持续的技术创新和产品升级,成功实现了产品结构的优化和产业的升级。创新的业态也为产业的升级注入了新的活力和动力,例如,无人驾驶汽车、智能家居等新兴业态逐渐崭露头角,为传统产业带来了新的发展机遇。

总的来说,数字经济的兴起为产业发展带来了前所未有的机遇和挑战。传统产业需要不断进行数字化转型,拥抱新的技术和商业模式,才能在激烈的市场竞争中立于不败之地。同时,新兴产业也需要不断创新,突破行业壁垒,才能实现持续的发展和壮大。产业结构的优化和升级,是数字经济时代产业发展的必然选择,只有不断创新和适应时代变化,企业才能在数字经济的浪潮中立于不败之地。

产业升级和结构优化的核心在于不断的创新和适应,随着数字经济的崛起,企业面临的挑战也变得更加严峻。只有在激烈的市场竞争中保持竞争力,才能在行业中立于不败之地。面对这样的挑战,企业需要放眼未来,不断探索新的商业模式和技术应用,拥抱数字化转型带来的机遇。通过开展技术研发、加大创新投入,企业可以打造具有竞争优势的产品和服务,实现产业升级和结构优化。

华为作为一个典型的案例,通过持续的技术创新和全球化布局,成功实现了产品结构的优化和产业的升级。公司不断开展研发投入,并加大对人才的培养和引进,不断探索新的市场机会,推动企业的持续发展。像小米这样的企业也通过大力推进智能化产品,努力实现技术和产品的全面升级,赢得了消费者的青睐,稳步提升了企业的市场地位。

与此同时,新兴业态的崛起也为传统产业带来了全新的发展机遇。无人驾驶汽车、智能家居等新型产业正在崭露头角,不断推动传统行业的创新和改革。通过与新兴产业的融合作,传统产业可以借助新技术和商业模式的力量,实现产业转型升级,在激烈竞争中占据有利地位。

在数字经济时代,产业升级和结构优化已经成为了企业发展的必然选择。只有不断创新、适应时代变化,企业才能在激烈的竞争中立于不败之地。应该大力推进技术研发,加大创新投入,积极拥抱数字化转型,以提升产品竞争力和市场地位,实现可持续发展的目标。

(三)数字经济时代的新型产业生态体系构建

数字经济的快速发展对传统产业产生了深远的影响,推动了传统产业向数字化转型的步伐。通过成功案例的分析可以看出,传统产业数字化转型的成功路径,以及数字化带来的新机遇和挑战。在数字经济时代,新兴产业正在呈现出全新的发展模式,成功案例的分享也为这一趋势提供了有力支撑。同时,数字经济的涌现也推动了产业结构的优化和升级,成功的案例分享更加直观地展示了这一过程。在构建数字经济时代的新型产业生态体系方面,必须与时俱进,不断创新发展,以适应数字化转型的潮流。

数字经济时代的快速发展正在深刻地改变我们所熟悉的传统产业格局。在这个过程中,许多企业需要不断地进行转型升级,以适应数字化转型的潮流。通过成功案例的分析可以看出,那些积极应对变革的企业往能够脱颖而出,在数字经济时代中占据有利地位。

新型产业生态体系的构建必须与时俱进,勇于创新。通过数字化技术的应用,企业可以实现生产方式的优化,提升效率降低成本。同时,数字经济时代也带来了新的商业模式,企业可以通过在互联网上建立品牌形象,直接面对消费者，实现产品和服务的个性化定制，从而提高市场竞争力。

随着新兴产业的不断涌现，数字经济时代也催生了许多创新创业的机会。那些敢于尝试、不断探索的企业家们，在新兴产业中不断取得成功，塑造了良好的企业形象，为整个产业生态系统带来了新的活力。数字化转型的过程不仅是企业内部结构的变革，更是一种对传统行业进行颠覆性革新的尝试。那些能够及时顺应市场需求，积极创新的企业将在数字经济时代中脱颖而出，实现长足的发展。

在数字经济时代的浪潮中，企业必须具备开放的思维和敏锐的市场洞察力，不断学习和适应变革，与时俱进。只有紧跟时代步伐，勇于改变，才能在激烈的市场竞争中立于不败之地，实现持续发展。数字经济时代的新型产业生态体系构建，需要各方的积极参与和共同努力，以推动整个产业向前发展，迎接挑战，创造更加美好的未来。

第三章 数字经济管理的研究方法与数据分析

第一节 数据收集方法

一、问卷调查

（一）设计问卷内容

1. 您对数字经济管理的理解与实践
2. 您认为数字经济管理对产业发展与创新有何影响
3. 您认为数字经济管理在不同行业中的应用情况如何
4. 您对数字经济管理相关政策的看法和建议
5. 您对数字经济管理未来发展趋势的预测

在进行数据收集的过程中，我们设计了上述的问卷内容，旨在了解各个受访者对数字经济管理的认知，以及他们对数字经济管理在产业发展与创新方面的看法和建议。通过问卷调查，我们希望能够全面了解不同群体对数字经济管理的态度和看法，为进一步的研究和数据分析提供参考。通过定量和定性分析问卷数据，我们将得出一些具有参考价值的结论，为数字经济管理下产业发展与创新提供更深入的研究和调查。

（二）选择调查对象

选择调查对象：制造业企业管理者和从业人员，数字经济领域专家和研究者，相关政府部门工作人员，数字经济管理软件和技术提供商，数字经济管理培训机构学员和教师。

数据收集方法：利用问卷调查的方式，面对面或在线发放问卷，收集被调查对象的个人信息、工作经验和观点，以及对数字经济管理下产业发展与创新的看法和建议。利用量化分析工具，对问卷结果进行统计分析，得出客观可靠的数据结论。

(三)搜集问卷数据

搜集问卷数据是一种常见的研究方法,在数字经济管理的领域中尤为重要。通过设计并发送问卷,研究者可以获取大量反馈信息,从而深入了解产业发展与创新中的相关问题。问卷调查可以涵盖各个方面的信息,包括行业现状、市场需求、技术应用等,为研究提供全面的数据支持。通过分析问卷数据,研究者可以发现潜在的规律和趋势,为产业发展与创新提供重要的参考依据。随着数字经济管理研究方法的不断完善和进步,问卷调查在数据收集中的作用愈发凸显,成为推动学术研究和实践应用的重要手段之一。

(四)数据处理和分析

数据处理和分析部分是数字经济管理研究中至关重要的一环。通过问卷调查获得的数据是研究的基础,而数据处理和分析则是对这些数据进行深入分析和挖掘的过程。在处理数据的过程中,研究人员需要采用各种方法和技术,以揭示数据背后隐藏的规律和信息。数据处理和分析的过程既是研究的关键环节,也是研究成果的重要依据。

数据处理和分析的方法具有多样性和复杂性。研究者需要根据研究目的和问题的特点,选择合适的数据处理和分析方法。常用的数据处理技术包括数据清洗、数据转换、数据抽样等,这些技术可以帮助研究者从原始数据中提取出有用的信息。而数据分析方法则包括描述统计、推断统计、多元分析等,这些方法可以帮助研究者对数据进行深入分析,得出科学可靠的结论。

在数字经济管理研究中,数据处理和分析的过程尤为重要。数字经济的发展速度之快,数据量之大,给数据处理和分析带来了巨大挑战。研究者需要充分利用现代信息技术和数据分析工具,以更高效、更精确地处理和分析数据。只有通过科学严谨的数据处理和分析,研究者才能得出准确的结论,为产业发展与创新提供有力支持。

数据处理和分析是数字经济管理研究中不可或缺的一部分。研究者需要运用适当的方法和技术,对数据进行深入分析和挖掘,以揭示数据背后的规律和信息。只有通过科学合理的数据处理和分析，研究者才能取得研究的成功，为数字经济管理的发展做出贡献。

在数字经济管理研究中，数据处理和分析是一个持续不断的过程。研究者需要不断地优化数据处理和分析的方法，以适应不断变化的数字经济环境。随着信息技术的飞速发展，新的数据处理工具和技术不断涌现，为研究者提供了更多选择和可能性。通过不断尝试和实践，研究者可以不断改进数据处理和分析的方法，提高研究效率和数据准确性。

在进行数据处理和分析的过程中，研究者需要保持开放的心态，不断探索新的数据处理方法和分析技术。借助机器学习、人工智能等新兴技术，研究者可以更快速地发现数据之间的潜在联系和规律，为数字经济管理研究提供更多新的视角和发现。只有不断学习和探索，研究者才能在数据处理和分析中保持领先地位。

研究者还需要注重数据处理和分析过程中的可复制性和可验证性。保持数据处理和分析过程的透明和规范性，可以增强研究结果的可信度和稳定性，为其他研究者提供参考和借鉴。通过建立标准化的数据处理和分析流程，研究者可以更好地与同行进行数据结果的比对和验证，推动学术界的发展和进步。

在数字经济管理研究中，数据处理和分析的重要性不容忽视。研究者应当不断改进方法和技术，保持开放的心态，注重可复制性和可验证性，以保证研究结论的科学性和可靠性。只有如此，研究者才能为数字经济管理领域的发展做出更大的贡献，并取得更多的研究成果。

二、深度访谈

（一）确定访谈对象

对于数字经济管理下产业发展与创新的研究，数据收集方法是至关重要的一环。在这一过程中，深度访谈被认为是一种有效的数据收集方法。通过深度访谈，我们能够深入了解访谈对象的观点、看法和经验，从而为我们的研究提供更加全面和深入的数据支持。

在确定访谈对象时，我们需要考虑的因素有很多。我们需要确保访谈对象对我们研究的主题有深入的了解和经验。我们还需要选择那些愿意参与访谈并分享他们观点和见解的对象。我们还需要考虑访谈对象的多样性，以确保我们获得的数据是全面和多元的。

通过深度访谈确定访谈对象是数字经济管理研究中至关重要的一步。只有选择合适的访谈对象，并通过他们的观点和经验获得丰富的数据，我们才能够更好地开展数字经济管理的研究，为产业发展与创新提供更好的支持和指导。

(二) 制定访谈提纲

1. 调研的目的及背景
2. 研究对象及范围
3. 访谈的时间、地点及方式
4. 访谈的问题设计
5. 数据整理及分析方法
6. 研究结果的呈现方式

深度访谈是一种探索性研究方法，通过与被访者进行面对面的交流，深入了解其观点、经验和态度。访谈时应制定详细的访谈提纲，确保覆盖研究问题的各个方面。在设计访谈问题时，要注意避免主观偏见，关注被访者的真实感受和看法。数据整理时，可以采用内容分析等方法，将访谈记录转化为可量化的数据，便于后续的分析和呈现。通过深度访谈这一数据收集方法，可以更好地了解数字经济管理下产业发展与创新的相关问题，为研究提供可靠的数据支持。

(三) 进行访谈记录

进行访谈记录：在数字经济管理下产业发展与创新的研究中，深度访谈作为一种重要的数据收集方法，被广泛运用。深度访谈通过与被访者进行面对面的交流，探讨其在数字经济管理领域的看法和经验，从而获得丰富的数据和信息。在进行深度访谈时，研究者需要建立信任关系，引导被访者谈论相关话题，并及时记录访谈内容。通过深度访谈，我们可以深入了解数字经济管理对产业发展与创新的影响，为研究提供重要的数据支持。

深度访谈的优势在于可以获取被访者的真实想法和观点，揭示其背后的逻辑和动机。研究者可以根据访谈内容进行分析，找出其中的规律和共性，为数字经济管理下产业发展与创新提供可靠的研究依据。同时，深度访谈还可以帮助研究者发现问题和挑战，指导后续研究方向的确定和问题解决方案的制定。通过对不同被访者的观点和看法进行比较，可以更好地了解数字经济管理的实际效果，为决策提供科学参考。

在进行深度访谈记录时，研究者需要注意保护被访者的隐私和权益，确保访谈过程的合法合规。同时，及时整理和分析记录的访谈内容，将其转化为可靠的研究数据。深度访谈虽然具有一定的主观性，但通过科学的数据分析方法和系统的研究框架，可以确保研究结论的客观性和可靠性。通过深度访谈记录的整理和分析，我们可以深入挖掘数字经济管理产业发展与创新的内在机理，为相关领域的研究和实践提供重要的参考和借鉴。

三、文献综述

（一）确定研究领域

本研究采用了多种数据收集方法，包括文献调研、案例分析、问卷调查等。通过这些方法，我们收集了大量关于数字经济管理下产业发展与创新的相关数据，为研究提供了坚实的数据支撑。

在进行研究之前，我们进行了广泛的文献综述。通过查阅相关文献资料，我们了解到了数字经济管理在促进产业发展和创新方面的重要作用，同时也发现了一些研究中存在的有待深入探讨的问题和不足之处。

本研究的核心领域是数字经济管理下产业发展与创新。通过对这一领域的深入研究，我们希望能够揭示数字经济管理对产业发展和创新的影响机制，为相关领域的决策制定和实践提供理论支持和实证依据。

在确定研究领域的基础上，我们进一步展开了研究的深度和广度。通过对数字经济管理下产业发展与创新的关键因素进行深入分析，我们试图揭示不同因素之间的相互影响及其对产业发展和创新的具体作用机制。在这个过程中，我们还注意到了数字经济管理在不同行业和不同地区的应用差异，进一步拓展了研究的范围。

除了对数字经济管理本身的影响进行研究外，我们还着重关注了数字化技术在产业发展和创新中的应用。通过案例研究和深度访谈，我们探讨了数字技术在提升产业效率、推动创新和改变产业竞争格局等方面的作用与实践经验。我们希望通过这些案例的具体分析，能够为其他相关产业提供可借鉴的经验和启示，促进数字化技术在产业转型升级中的广泛应用。

我们还进行了一系列问卷调查和实地考察，以获取更为客观而全面的数据支撑。通过问卷调查，我们得知了不同企业和组织在数字经济管理下产业发展与创新方面的实际需求和挑战，为我们的研究提供了更具针对性的分析重点。而实地考察则让我们能够更加贴近实际情况，观察到数字经济管理在具体实践中的效果和影响，同时也能够深入了解产业发展和创新的现实问题与潜在机遇。

总的来说，我们将综合运用各种数据收集方法，深入探讨数字经济管理下产业发展与创新的相关议题，希望为相关研究领域的理论建设和实践应用提供有益的参考和支持。通过我们的努力，期待能够为数字经济时代下的产业发展与创新作出积极的贡献。

(二) 收集相关文献资料

数字经济管理下产业发展与创新是当前研究的热点之一，而对于这一主题的研究需要进行大量的数据收集和文献综述。数据收集方法是研究的基础，通过科学有效的数据收集方法可以获取到真实可靠的数据，为研究提供有力支持。而文献综述则是对已有研究成果的梳理和总结，可以帮助研究者了解当前研究的现状和发展趋势，为研究提供理论依据和参考。

在进行数据收集时，研究者可以利用问卷调查、实地访谈、文献分析等方法，搜集相关数据。而在进行文献综述时，研究者需要系统地查阅相关领域的学术期刊、会议论文、专著等文献，深入了解已有研究的进展和现状，同时也需要对文献进行筛选和归纳，确保选取到与研究主题相关且有价值的文献资料。

通过数据收集方法和文献综述的结合，研究者可以全面地了解数字经济管理下产业发展与创新的研究现状和趋势，为自己的研究提供具有参考意义的数据和理论基础。数据收集和文献综述是研究中不可或缺的环节，只有通过科学严谨的方法才能得出准确可靠的结论，推动数字经济管理下产业发展与创新领域的发展。

在研究过程中，数据收集和文献综述起着至关重要的作用。通过问卷调查和实地访谈，研究者可以获得直接的实证数据，了解受访者在数字经济管理下产业发展与创新方面的看法和体验。而文献分析则可以帮助研究者系统地梳理已有研究成果，发现研究领域的研究热点和未解之谜。

在进行文献综述时，研究者需要做到客观公正，尽可能全面地收集和整理相关文献资料，避免偏颇和片面的观点。通过对学术期刊、会议论文、专著等文献的查阅和分析，研究者可以获取最新的研究成果和观点，从而为自己的研究提供充分的理论支撑和参考。

数据收集与文献综述的结合，不仅可以帮助研究者全面了解研究领域的现状和趋势，还可以为研究提供更多的研究思路和方法。通过分析已有研究成果，研究者可以发现研究中存在的问题和不足之处，为未来的研究方向提供思路和启示。

在数字经济管理下产业发展与创新领域，数据收集和文献综述是研究的基础和关键环节。只有通过科学严谨的方法进行数据收集和文献研究，研究者才能得出准确可靠的结论，为促进数字经济管理下产业发展与创新领域的繁荣做出贡献。

（三）进行文献综述

进行文献综述，是指对已有的相关领域研究成果进行梳理、总结和分析。通过查阅大量相关文献，我们可以了解到数字经济管理在产业发展与创新方面的研究现状和趋势。数据收集方法是数字经济管理研究的基础，它涵盖了使用各种数据来源和采集手段来获取相关信息的技术与方法。数字经济管理下产业发展与创新的主题在国内外学术界引起了广泛关注，研究者们通过文献综述，对已有研究进行了深入剖析，以期为推动数字经济管理领域的研究提供更多启示和帮助。

进行文献综述，是研究者在探讨数字经济管理领域产业发展与创新主题时的必经之路。通过对相关文献的梳理和总结，我们可以看到数字经济管理在促进产业发展和创新方面所发挥的重要作用。数据收集方法作为研究的基础，为我们提供了丰富的信息资源，帮助我们更深入地了解数字经济管理的本质和特点。在国内外学术界，数字经济管理领域产业发展与创新的研究备受重视，学者们通过文献综述，不断挖掘已有研究的潜力，为推动该领域的深入发展提供了有力支持。

通过文献综述，我们可以发现数字经济管理在产业发展与创新方面所带来的机遇和挑战。已有研究表明，数字经济管理通过信息技术的应用，可以提高企业的运营效率和管理水平，促进产业结构的优化和升级。同时，数字经济管理也为企业创新提供了更广阔的空间，带来了全新的商业模式和经营理念。然而，数字经济管理也面临着诸多问题，如数据安全和隐私保护等方面的挑战，需要我们不断加强研究和探讨，寻求解决之道。

在未来的研究中，我们需要进一步完善数据收集方法，提高数据分析和处理的精准度和有效性。同时，我们也需要关注数字经济管理在不同产业领域中的应用，探索其对各行业发展的影响和启示。只有不断深化研究，加强理论探讨和实践探索，才能更好地发挥数字经济管理在促进产业发展与创新方面的积极作用，推动经济社会的可持续发展。

(四) 撰写文献综述

数字经济管理下产业发展与创新是当前研究领域的热点之一。为了更好地展开研究工作，数据收集方法是至关重要的环节。数据收集方法的选择直接影响到研究结果的可靠性和准确性。在数字经济管理领域的研究中，常见的数据收集方法包括问卷调查、深度访谈、案例分析、实地观察等。这些方法各有优劣，研究者需要结合研究目的和问题确定最适合的数据收集方法。

文献综述是研究中不可或缺的一步。通过查阅大量文献，可以深入了解前人研究成果，系统地掌握领域内已有的知识。撰写文献综述是对已有研究进行整理和总结，从而为自己的研究提供理论支持和借鉴。在数字经济管理下产业发展与创新领域的研究中，文献综述的重要性不言而喻。只有通过系统地查阅相关文献，才能准确把握研究前沿，找准研究方向，做到有的放矢。

撰写文献综述需要研究者具备系统梳理和总结文献的能力。在整理文献时，需要将相关文献按主题分类，提炼核心信息，梳理研究现状和发展趋势，尽可能地避免重复和遗漏。撰写文献综述不仅是研究者对前人研究成果的尊重，更是对自身研究的深入思考和积累。只有通过撰写文献综述，研究者才能够全面地了解领域内已有的研究现状，做到站在巨人的肩膀上不断前行，为数字经济管理下产业发展与创新领域的研究贡献一份力量。

撰写文献综述是研究者在数字经济管理下产业发展与创新领域的重要一环。通过对已有研究进行梳理和总结，研究者可以更好地了解领域内的研究热点和发展趋势，从而为自己的研究提供理论支持和借鉴。在整理文献的过程中，研究者需要具备系统分类和梳理文献的能力，将相关文献按主题进行整合，提炼出核心信息，避免遗漏与重复。撰写文献综述不仅是对前人研究成果的尊重，更是对自身研究的深入思考和积累。通过撰写文献综述，研究者可以更全面地了解领域内的研究现状，站在巨人的肩膀上，不断前行。这样的努力和贡献将为数字经济管理下产业发展与创新领域的研究带来更深远的影响，推动领域的不断发展和进步。只有通过不懈地整理和总结文献，研究者才能够更好地理解领域内的前沿动态，找准研究方向，为学术研究和产业发展提供更加有力的支撑。

第二节　数据分析方法

一、描述性统计分析

（一）数据可视化

数据可视化是一种通过图表、图像、地图等形式将数据转化为可视化展示的方法，以便更好地理解数据的潜在规律和趋势。通过数据可视化，研究人员可以将大量的数据信息以直观、易懂的方式呈现出来，帮助他们发现数据之间的关联性和规律性，进而作出更加科学合理的决策。在数字经济管理下产业发展与创新的研究中，数据可视化扮演着重要角色，能够帮助研究人员更好地理解数字经济管理对产业发展和创新的影响，揭示其中的规律和趋势。通过对各种数据可视化工具的运用，研究人员可以将复杂的数据信息呈现出来，使之更易被理解和利用。数据可视化不仅可以加深对数据的理解，还可以帮助研究人员从数据中发现新的问题和机会，为数字经济管理下产业发展与创新提供更加科学的支持和决策参考。在进行数据可视化时，研究人员应根据具体的研究目的和数据特点选择合适的可视化工具和方法，以确保数据可视化的效果和价值。通过数据可视化，我们可以更好地认识数字经济管理对产业发展与创新的影响，为相关研究提供更多的视角和启发。

数据可视化不仅可以帮助研究人员更准确地观察数字经济管理对产业发展和创新的影响，还可以为他们提供有效的数据支持和决策依据。通过将数据以图表、图形和动画等形式呈现出来，研究人员可以更直观地了解数据背后的规律和趋势，进而发现潜在的问题和机会。在选择数据可视化工具和方法时，研究人员需要根据研究的具体内容和目的来进行合理的选择，以确保数据可视化的效果和质量。数据可视化不仅可以帮助研究人员更好地分析数据、发现规律，还可以提高数据处理和解读的效率，使研究工作更加高效和有成果。通过数据可视化，我们可以深入研究数字经济管理对产业发展与创新的影响，为相关领域的研究提供更多的参考和启示。数据可视化不仅是简单的数据展示，更是一种数据分析和挖掘的工具，可以帮助研究人员更全面地认识数字经济管理在产业发展和创新中的重要作用。通过数据可视化的手段，我们可以更好地理解数字经济管理对产业发展与创新的支撑和引领作用，为相关研究领域的发展提供更多的研究视角和思路。

(二) 平均数、中位数、众数计算

在进行数字经济管理下产业发展与创新研究时，数据收集方法是至关重要的一环。通过文献综述，可以系统地梳理已有研究成果，为后续数据收集奠定基础。在数据分析阶段，描述性统计分析是一种常用方法，通过计算平均数、中位数、众数等统计量，可以更准确地描述数据分布特征，为研究结论提供有力支撑。在进行平均数、中位数、众数计算时，需要注意各自的计算方法和意义，确保数据分析的可靠性和有效性。通过运用合适的数据分析方法，可以深入探究数字经济管理对产业发展与创新的影响，为实践提供科学依据和决策支持。

在数字经济管理下，数据收集方法的重要性不言而喻。在研究产业发展与创新的过程中，文献综述可以为后续数据收集工作提供基础。描述性统计分析是必不可少的工具，通过计算平均数、中位数和众数等统计量，可以更全面地了解数据的分布情况。在进行这些计算时，需要严格按照相应的方法来进行，以确保数据分析的准确性和有效性。通过运用适当的数据分析方法，可以深入研究数字经济管理对产业发展与创新的影响，为实践提供科学的依据和决策支持。

数据的平均数是所有数据的总和除以数据的个数，可以反映数据的集中趋势；中位数是将数据按大小顺序排列后位于中间的数值，能够更好地表示数据的位置；众数则是出现次数最多的数值，可以描述数据的分布情况。这些统计量相互结合，可以更全面地揭示数据的特征，为研究的结论提供支持。

在数字经济管理领域，数据的分析和解读是至关重要的。只有通过科学的数据分析方法，才能更好地把握产业发展与创新的脉搏，为相关决策提供可靠的参考。因此，在进行研究时，研究者需要深入研究数据分析方法，不断探索其在实践中的应用，以期更好地发挥数据的作用。通过不断精进数据分析的技能，我们可以更好地理解数字经济管理对产业发展与创新的影响，为推动经济可持续发展提供更有力的支持。

（三）方差分析

方差分析是一种统计方法，用于比较三个或三个以上的组别之间的均值差异。通过方差分析，我们可以确定不同组别之间的差异是否显著，从而得出结论。在数字经济管理下产业发展与创新的研究中，方差分析是一个重要的数据分析方法，可以帮助我们了解不同产业之间的变化和差异。方差分析可以帮助我们找出数字经济管理对不同行业发展和创新的影响，从而为未来的政策制定和产业发展提供依据。

数据收集方法在研究中起着至关重要的作用。通过对大量的数据进行收集和整理，我们可以更好地了解数字经济管理对产业发展与创新的影响。在数据收集过程中，我们需要注意数据的来源和准确性，确保数据的真实性和可靠性。只有效地收集到足够的数据，我们才能进行准确的数据分析和结论推断。

文献综述是进行研究工作的重要步骤，通过对相关文献的查阅和整理，我们可以了解数字经济管理的最新研究成果和进展。在文献综述中，我们需要仔细阅读和分析已有的研究成果，从中总结出重要的观点和结论。通过文献综述，我们可以为自己的研究提供一个理论基础和研究思路，促进研究工作的顺利进行。

描述性统计分析是对数据进行整理和描述的一种方法，通过对数据的分布、中心趋势和离散程度进行分析，我们可以更好地了解数据的特征和规律。在产业发展与创新的研究中，描述性统计分析可以帮助我们对数字经济管理的影响进行深入的了解，从而为进一步的数据分析和模型建立提供基础。

在数字经济管理下产业发展与创新的研究中，我们需要运用多种数据分析方法，包括方差分析、描述性统计分析等，以全面地了解数字经济管理对产业发展与创新的影响。通过数据的收集、整理和分析，我们可以为产业发展和政策制定提供科学的依据，推动数字经济管理更好地服务于产业发展和创新。

二、回归分析

（一）简单线性回归

简单线性回归是一种用于研究两个变量之间关系的数据分析方法。在数字经济管理下产业发展与创新的研究中，简单线性回归可以帮助我们确定两个变量之间的关系。数据收集是进行简单线性回归分析的第一步，通过采集相关数据来建立模型。文献综述是了解已有研究成果的重要手段，可以为我们提供研究方向和方法的借鉴。在研究数字经济管理下产业发展与创新的过程中，我们需要借助数据分析方法来解读数据并得出结论。回归分析是一种常用的数据分析方法，在研究数字经济管理时可以帮助我们分析变量之间的关系。简单线性回归则是回归分析的一种，可以帮助我们了解两个变量之间的线性关系。通过简单线性回归分析，我们可以得出变量之间的相关性，并进一步探讨数字经济管理对产业发展与创新的影响。

在进行简单线性回归分析时，我们需要首先确定研究的两个变量，并收集相关数据进行建模。通过文献综述，我们可以了解到已有的研究成果，为我们提供研究方向和方法的借鉴。在数字经济管理下产业发展与创新的研究中，数据分析方法是至关重要的。回归分析作为一种常用的数据分析方法，可以帮助我们深入分析变量之间的关系。简单线性回归是回归分析的一种形式，通过它我们可以了解两个变量之间的线性关系。在数字经济管理的研究中，简单线性回归的应用使我们能够更清晰地了解数字经济对产业发展与创新的影响机制。通过简单线性回归的分析，我们可以揭示变量之间的相关性，为进一步研究提供有力支持。数据的分析与挖掘有助于我们从大量的信息中找到重要的线索，帮助我们更好地理解数字经济管理下产业发展与创新的关系。通过简单线性回归的应用，我们可以对数字经济管理对产业发展与创新的影响路径进行更为细致和全面的探讨，为实践提供决策依据和参考。在数字时代，简单线性回归分析作为一种有效的数据分析方法，必将在数字经济管理研究中发挥重要作用，为数字经济时代的产业创新和发展提供有力支撑。

（二）多元线性回归

多元线性回归是一种统计分析方法，用于研究多个自变量对因变量的影响程度。在数字经济管理领域，多元线性回归分析常被用来探讨产业发展与创新之间的关系。通过建立一个包含多个自变量的数学模型，研究者可以分析这些自变量与因变量之间的关联，找出它们之间的相关性和影响程度。

在进行多元线性回归分析时，首先需要确定研究的因变量和自变量，然后收集相应的数据。数据的收集方法可以多种多样，可以通过调查问卷、实地观察、实验研究等方式获取数据。在数字经济管理领域，研究者通常会利用大数据分析方法来收集数据，从而获取更加全面和准确的数据。

除了数据的收集，文献综述也是进行多元线性回归分析的重要步骤。通过对相关领域的文献进行梳理和分析，研究者可以更好地了解前人的研究成果，为自己的研究提供理论支持和研究方法参考。

数据分析方法在多元线性回归中也起着关键作用。通过对数据进行统计分析和建模，研究者可以揭示不同自变量对因变量的影响，找出其中的关键因素，并进行有效的预测和决策。

回归分析是一种常用的统计方法，用于研究变量之间的关系。在数字经济管理下产业发展与创新的研究中，回归分析可以帮助研究者揭示产业发展和创新之间的内在关联，为相关决策提供科学依据。

多元线性回归分析在数字经济管理领域的研究中具有重要意义。通过合理选择数据收集方法、进行文献综述、采用适当的数据分析方法，研究者可以深入探讨产业发展与创新之间的关系，为推动数字经济管理领域的发展做出贡献。

数据分析方法在多元线性回归中的关键作用不可低估。通过对大量数据的搜集和处理，研究者可以深入挖掘数据背后的规律和趋势，为自己的研究提供更为全面和深入的支持。在数字经济管理领域，研究者可以通过多元线性回归分析揭示不同因素之间的关联性，进而为相关决策提供理论支持。

在数字经济管理的研究中，不同的自变量可能会对因变量产生不同程度的影响，通过多元线性回归分析可以准确量化这些影响，找出其中的关键因素。这种精细的分析可以帮助研究者更好地理解产业发展与创新之间的内在联系，为未来的决策制定提供更为可靠的依据。

多元线性回归还可以帮助研究者进行有效的预测和决策。通过构建合适的回归模型，研究者可以对产业发展和创新的趋势进行预测，为未来的发展方向提供重要的参考。这种预测可以帮助相关企业和政府部门及时调整战略，应对市场变化，推动数字经济管理领域的发展。

总的来说，多元线性回归分析是数字经济管理领域研究中不可或缺的重要工具。通过科学的数据收集和分析方法，研究者可以揭示产业发展与创新之间的内在联系，为未来的研究和决策提供理论支持和方法参考。只有不断深入研究和应用多元线性回归分析，才能更好地推动数字经济管理领域的发展和创新。

(三) 逻辑回归分析

逻辑回归分析是一种常用的统计分析方法，可以用于研究因果关系和预测分析。通过对自变量和因变量之间的关系进行建模，并根据模型结果对未来事件进行预测。在数字经济管理下产业发展与创新的研究中，逻辑回归分析可以帮助我们深入理解影响产业发展与创新的因素。通过对传统产业和数字经济产业的数据进行对比研究，我们可以利用逻辑回归分析揭示数字经济管理对产业发展与创新的影响规律。

逻辑回归分析是一种非线性模型，可以更好地解释自变量和因变量之间的关系。通过逻辑回归分析，我们可以发现数字经济管理对产业发展与创新的影响，并可以基于模型结果提出相关政策建议。在数据分析的过程中，我们需要选取合适的自变量和因变量，并对数据进行处理和清洗，以确保模型的准确性和可靠性。逻辑回归分析不仅可以帮助我们理解数字经济管理对产业发展与创新的作用机制，还可以为政府部门和企业提供决策支持，促进数字经济产业的发展和创新。

通过逻辑回归分析，我们可以对数字经济管理下产业的发展与创新进行深入探讨，为相关领域的研究提供理论和实证支持。在数据收集和数据分析的过程中，逻辑回归分析可以帮助我们更好地分析产业发展与创新的关键因素，为相关领域的决策提供科学依据。逻辑回归分析的结果可以为企业和政府部门提供指导意见，促进数字经济产业的健康发展与创新能力提升。在未来的研究中，我们可以进一步深入探讨数字经济管理下产业发展与创新的相关问题，拓展研究视角，为数字经济产业的发展提供更多的理论支持和实践指导。

通过逻辑回归分析，我们可以进一步挖掘数字经济管理对产业发展与创新的深层次影响机制。逻辑回归分析有助于揭示产业发展与创新之间的潜在关联，为决策者提供更准确的数据支持。在实践中，逻辑回归分析可以帮助政府部门和企业更好地了解数字经济产业的优势和劣势，为其未来发展方向提供参考。逻辑回归分析还可以帮助识别产业发展与创新中存在的风险因素，从而引导相关部门采取相应的风险管理措施。

在数字经济快速发展的当下，逻辑回归分析作为一种强大的统计工具，可以帮助我们更好地应对变化多端的市场环境。透过逻辑回归模型，我们可以建立起对数字经济产业发展与创新的预测模型，为未来的发展路径提供科学依据。同时，逻辑回归分析还可以帮助企业进行市场定位和竞争策略的制定，提升其在数字经济领域的核心竞争力。

未来，我们还可以通过逻辑回归分析来研究数字经济管理下产业发展与创新的长远影响，探索新的研究方向和方法。借助逻辑回归分析，我们可以深入挖掘数字经济产业发展的规律性和趋势，为实现产业升级和创新发展提供战略性建议。同时，逻辑回归分析还可以为政府部门提供更科学的政策支持，推动数字经济产业的可持续发展与创新能力的不断提升。通过不懈努力和深入研究，逻辑回归分析必将为数字经济产业的发展开辟更广阔的前景，为经济社会的可持续发展贡献更大的力量。

（四）主成分分析

主成分析是一种多变量统计方法，旨在减少数据集中的维度，同时保留数据中的大部分信息。通过主成分析，我们可以将多个相关变量转换为少数几个不相关的主成分，从而更好地理解数据集中的模式和关系。在数字经济管理研究中，主成分析可以帮助我们发现数据中潜在的结构并识别关键因素，进而为产业发展与创新提供更有针对性的决策依据。

数据收集方法在数字经济管理研究中起着至关重要的作用。有效的数据收集方法能够确保所获得的数据具有可靠性和有效性，从而为研究提供可信的基础。在采用数据收集方法时，研究者需要考虑到研究目的、样本特征、数据来源等因素，以确保所收集到的数据能够准确反映研究对象的实际情况。

文献综述是研究过程中不可或缺的一部分。通过对相关领域的文献进行综合分析和总结，我们可以更好地了解前人的研究成果和发展动向，从而为自己的研究提供理论依据和研究思路。在数字经济管理领域，文献综述可以帮助我们掌握该领域的最新进展，找到研究热点和难点，为研究提供启发和借鉴。

数据分析是数字经济管理研究中的关键环节。通过对数据的收集、整理、处理和解释，我们可以更好地发现数据中的模式和规律，为研究提供实证支持。在数据分析方法中，回归分析是一种常用的统计方法，可以帮助我们探究变量之间的因果关系和影响程度。通过回归分析，我们可以量化变量之间的关系，为数字经济管理中的决策提供科学依据。

主成分析是另一种常用的数据分析方法，它可以帮助我们更好地理解数据中的潜在结构和相关性。通过主成分析，我们可以将复杂的数据转化为更少的维度，从而更加直观地展示数据之间的关系。主成分析可以帮助我们识别出最具代表性的变量，在数据挖掘和模式识别中具有重要的应用价值。

在数字经济管理领域，主成分析可以帮助我们揭示不同变量之间的内在联系，发现潜在的经济规律和管理规律。通过主成分析，我们可以降低数据的复杂性，提取出最具信息量的维度，为数字经济管理的决策提供更为科学的依据。在实际应用中，主成分析可以帮助我们理解数字经济管理中各种因素之间的相互关系，为企业的战略规划和业务决策提供支持。

主成分析作为一种强大的数据分析方法，在数字经济管理领域具有重要的应用意义。通过主成分析，我们可以更好地把握数据的本质，挖掘数据中隐藏的规律，为数字经济管理的研究和实践提供更加精准和有效的帮助。通过不断地研究和应用主成分析，我们可以更好地理解数字经济管理领域的发展趋势，促进学科的进步和创新。

（五）聚类分析

数字经济管理下产业发展与创新是当前学术界研究的热点问题之一。在进行研究时，首先需要对相关数据进行收集。数据收集是研究的基础，只有获得准确、全面的数据才能进行深入的研究分析。接下来，通过文献综述，了解已有研究成果和理论框架，可以帮助研究者更好地把握研究方向和方法。

在数据分析方面，回归分析是一种常用的方法，可以帮助研究者探究变量之间的因果关系。通过回归分析，研究者可以找出影响产业发展和创新的关键因素，并对其进行深入分析。聚类分析也是一种重要的数据分析方法，可以将数据分组，发现其中存在的规律和特点，为研究者提供更全面的视角。

数字经济管理下产业发展与创新的研究需要综合运用数据收集、文献综述和数据分析等方法，以深入探讨产业发展的内在规律和创新的驱动力。通过科学的研究方法和数据分析，可以为相关领域的发展提供理论支持和实践指导，推动数字经济管理的进步和创新。

在进行数字经济管理下产业发展与创新研究时，研究者需要结合实证数据和理论框架，通过多种研究方法进行探讨。数据收集是研究的基础，可以帮助研究者获取客观真实的情况和趋势，为后续分析提供支持。文献综述则可以帮助研究者了解前人的研究成果和思路，避免重复劳动，同时也可以为研究提供借鉴和启示。

除了回归分析和聚类分析，研究者还可以运用其他数据分析方法来深入研究。比如因子分析可以帮助研究者识别出不同变量之间的潜在关系和共性因素，为研究提供更深层次的理解。网络分析则可以揭示产业内部各要素之间的连接与影响，帮助研究者更好地把握产业生态系统的运行机制。

在数字经济管理的背景下，研究者还可以运用大数据分析等先进技术手段，挖掘数据背后的深层次信息和规律。人工智能算法可以帮助研究者处理大规模数据，并发现其中隐藏的模式和趋势，为研究提供更全面的视角。

综合运用各种研究方法和数据分析技术，可以使研究更加准确和深入，为数字经济管理下产业发展与创新提供更有价值的研究成果。通过科学的方法和数据支持，研究者可以为相关领域的决策制定和实践发展提供有力支持，进一步推动数字经济管理领域的不断进步和创新。

三、时间序列分析

（一）时间序列模型建立

时间序列模型建立是数字经济管理研究中的重要一环。通过对历史数据进行分析和建模，可以为产业发展与创新提供有力支撑。在建立时间序列模型时，首先需要收集相关数据，包括产业发展的各项指标和创新活动的数据。接着，进行文献综述，了解已有的研究成果和方法，为接下来的数据分析提供参考。数据分析方法是构建模型的关键步骤，通过对数据进行处理和分析，揭示出规律和趋势，为模型的建立提供基础。时间序列分析是一种常用的方法，可以帮助我们发现数据背后的规律性，预测未来的发展趋势。在建立时间序列模型时，需要考虑多种因素的影响，并选择合适的模型进行建立。通过时间序列模型的建立，我们可以更好地理解数字经济管理下产业发展与创新之间的关系，为未来的决策提供科学依据。

在时间序列模型建立过程中，我们需要注意数据的准确性和完整性，确保所使用的数据质量高，并且能够反映实际情况。我们还需要考虑到外部因素对产业发展和创新的影响，比如政策环境、市场需求、技术变革等因素，这些都会对模型的准确性和可靠性产生影响。在建模过程中，我们需要运用统计学和经济学等相关知识，选择合适的模型进行建立，并进行数据的拟合和验证，确保模型的有效性。还需要不断优化和调整模型，以适应不断变化的环境和需求。通过时间序列模型的建立，我们可以更好地了解产业发展和创新之间的内在联系，为决策者提供科学的参考依据。最终，我们希望通过时间序列分析，为数字经济管理下的产业发展与创新提供更为准确的预测和指导，推动经济发展朝着更加健康和可持续的方向发展。

(二) 季节性波动分析

季节性波动分析是一种经济学上常用的方法，用以分析一定时期内经济数据的季节性波动情况。通过对季节性波动进行分析，可以更好地理解数据背后的规律与趋势，从而为进一步研究提供有力支持。在数字经济管理领域，季节性波动分析尤为重要，因为数字经济的发展往受到各种季节性因素的影响，如节假日促销、季节性营销活动等。因此，深入分析和理解季节性波动对于有效管理数字经济具有重要意义。

从数据收集方法的角度来看，季节性波动分析需要依托大量的实时数据和历史数据。通过对这些数据的收集和整理，可以更准确地捕捉和分析数字经济发展过程中的季节性波动。同时，文献综述也是季节性波动分析的重要前提，通过查阅相关文献资料，可以了解先前研究者对季节性波动分析的方法和应用，为自身研究提供借鉴和指导。

在进行数据分析方法时，时间序列分析是一种常用的方法之一。通过时间序列分析，可以对数字经济发展过程中的季节性波动进行量化和统计，探究其中的规律和趋势。同时，季节性波动分析也可以借助一些统计工具和软件进行深入挖掘，如 SPS、Excel 等，以更直观地呈现出季节性波动的变化规律。最终，通过对季节性波动的分析，可以为数字经济管理提供更有针对性和有效的决策支持。

季节性波动分析在数字经济管理下产业发展与创新中具有重要意义。通过合理的数据收集方法、文献综述和数据分析方法，可以更好地理解数字经济发展过程中的季节性波动，并为产业发展与创新提供指导和支持。深入研究季节性波动分析，不仅有助于揭示数字经济发展的规律和趋势，也为数字经济管理实践提供科学依据。

（三）趋势预测分析

通过数据收集方法和文献综述的学习，我们可以更好地了解数字经济管理下产业发展与创新的趋势。数据分析方法中的时间序列分析是一种重要的工具，它可以帮助我们揭示数据的内在规律和变化趋势，进而进行趋势预测分析。通过时间序列分析，我们可以对产业发展与创新的未来走向进行有效预测和规划，为决策提供科学依据。

趋势预测分析是指通过对历史数据的分析，利用统计和数学方法来识别和预测未来的趋势和发展方向。这种分析方法可以帮助我们更好地把握产业发展的动态变化，及时调整策略和措施，以适应数字经济管理带来的新形势和挑战。在数字经济管理的背景下，趋势预测分析成为决策者的重要工具，帮助他们把握信息时代的发展脉搏，做出正确的战略决策。

数字经济管理下产业发展与创新是一个复杂而又充满机遇的领域，数据分析方法和趋势预测分析的应用对于我们更好地理解和把握产业变化的规律至关重要。通过不断学习和研究，我们可以不断提升自己的决策水平，推动产业升级和创新发展，实现经济社会的可持续发展。希望我们能够在数字经济管理领域取得更大的成就，为推动中国的经济发展做出更大的贡献。谢!

在数字经济管理的背景下，趋势预测分析成为决策者的必备利器。通过数据分析方法和趋势预测分析的有效应用，我们能够更准确地洞察产业变化的脉动，抓住机遇，规避风险。数字经济管理催生了产业发展的新模式，赋予了企业更多的竞争力和创新动力。要实现数字经济管理的全面成功，我们需要不断学习和研究，不断提升自己的决策水平。

在当今快节奏的数字时代，趋势预测分析扮演着重要角色。它不仅可以帮助企业领导者制定明智的战略决策，还能为整个产业的发展指明方向。在这个充满挑战和机遇的时代，只有紧跟潮流、抓住机遇，才能在激烈的竞争中立于不败之地。因此，对于数字经济管理下产业发展与创新这一复杂领域，我们需要时刻保持警觉，不断寻找新的数据分析方法和趋势预测工具，以适应快速变化的市场环境。

数字经济管理的核心是以数据为驱动，以趋势为引导。只有通过对数据的深度分析和趋势的准确预测,我们才能做出明智的决策,推动产业升级和创新发展。希望未来我们能够更加注重数据的管理和利用,不断完善趋势预测分析的方法,为数字经济管理注入更多活力和动力。相信在我们的共同努力下,中国的经济发展一定能够迎来更加美好的明天。

(四)异常检测方法

异常检测方法是数字经济管理研究中一个重要的工具,通过对数据进行分析和处理,识别出异常情况和异常数据点。这种方法在产业发展与创新研究中具有重要意义,可以帮助研究人员找出数据中的异常情况,及时调整研究方向和策略。在进行异常检测时,研究人员需要借助各种统计学和机器学习方法,对数据进行深入分析,找到不正常的数据点并加以处理。时间序列分析是一种常用的数据分析方法,可以帮助研究人员理解数据背后的规律和趋势,从而更好地指导产业发展与创新研究。数据收集方法是产业发展与创新研究的第一步,需要研究人员根据研究目的和问题设计相应的数据采集方案,保证数据的准确性和可靠性。文献综述是产业发展与创新研究中必不可少的环节,通过对已有研究成果进行梳理和总结,可以帮助研究人员更好地把握研究前沿和发展趋势,指导研究方向的选择。数据分析方法是产业发展与创新研究中非常关键的一环,通过对数据进行统计分析和建模,可以揭示数据背后的规律和关联,为产业发展与创新提供科学依据和决策支持。在数字经济管理下,研究人员需要不断探索和创新数据分析方法,不断提高研究的深度和广度,为产业发展与创新注入新的活力和动力。

第三节 实证研究设计

一、研究目的设定

(一)确定研究问题

确定研究问题是数字经济管理下产业发展与创新的关键。在进行研究之前,首先需要确定清楚研究的目的与方向,以便有效地进行数据收集和分析。通过文献综述,可以了解已有研究在该领域的进展和成果,从而确定自己的研究方向和问题。数据收集方法是研究过程中至关重要的一环,需要选择合适的数据来源和收集方式,以确保数据的准确性和可靠性。数据分析方法则是研究过程中的关键环节,时间序列分析是常用的数据分析方法之一,可以帮助研究者对产业发展与创新的趋势和规律进行深入分析。实证研究设计是研究过程中的重要部分,需要设计合理的实证研究方案,以验证研究假设和得出科学结论。确定研究问题是整个研究的核心,只有明确的研究问题才能引导研究者有效地开展研究工作,为数字经济管理下产业发展与创新提供有益的理论和实践参考。

确定研究问题是研究过程中至关重要的一步,它直接关系到研究的深度和广度。通过对已有文献的综述,研究者可以更清晰地了解该领域的研究现状和已有成果,从而确定自己研究的目的和方向。在数据收集方法的选择上,研究者需要慎重考虑数据的来源和收集方式,以确保数据的准确性和可靠性。同时,在数据分析方法的应用上,时间序列分析等常见方法可以帮助研究者深入挖掘产业发展与创新的趋势和规律。实证研究设计的合理性也至关重要,只有设计科学的实证研究方案才能验证假设并得出可靠的结论。确定研究问题是整个研究过程的核心,只有找准了研究问题,才能引领研究者深入探究,为数字经济管理下产业发展与创新提供有益的理论和实践指导。

(二)设定研究假设

在本研究中,我们设定了以下研究假设:数字经济管理对产业发展和创新具有显著影响。数据收集方法对研究结果的可靠性和准确性具有重要影响。接着,文献综述对于理解数字经济管理的研究方法和数据分析是至关重要的。数据分析方法的选择会直接影响研究结论的科学性与准确性。同时,时间序列分析可以揭示出产业发展和创新的长期趋势和周期性变化。实证研究设计是验证数字经济管理对产业发展和创新影响的有效途径。通过明确研究目的的设定,我们可以更好地检验假设并得出科学合理的结论。

在进行研究时,确定研究假设是非常重要的。对数字经济管理对产业发展和创新的影响进行深入研究可以帮助我们更好地理解现代经济运行的规律。选择合适的数据收集方法是确保研究结果可靠性和准确性的关键。同时，对文献综述的认真分析是理解数字经济管理研究方法和数据分析的基础。在选择数据分析方法时，要考虑其对研究结论科学性与准确性的影响。时间序列分析可以帮助我们揭示出长期趋势和周期性变化，有助于更全面地了解产业发展和创新的规律。实证研究设计的合理性可以有效验证数字经济管理对产业发展和创新的影响。通过明确研究目的设定，我们可以更好地检验假设并得出科学合理的结论。

在实际操作中，我们还需要考虑到研究对象的选择、样本规模的确定以及研究方法的灵活运用。同时，应该注重数据的搜集和整理，确保数据的有效性和可靠性。在数据分析过程中，要始终保持客观、谨慎的态度，避免主观片面的解读。要重视实证结果的解释和讨论，将研究结论与现实经济发展相结合，为决策提供科学依据。

总的来说，设定研究假设是研究设计的重要组成部分，它直接关系到研究成果的科学性和可信度。只有在假设明确定义并在实证研究中得到验证的前提下，我们才能更好地理解数字经济管理对产业发展和创新的影响，为实现经济可持续发展提供理论支持和政策建议。

(三) 研究范围界定

砠砚方建航意识到数字经济管理对产业发展与创新的重要性，因此在确定研究范围时，他首先考虑到了数字经济管理的范围广泛而复杂。在确定研究范围时，砠砚方建航希望不仅能够涵盖数字经济管理的基本理论和实践，同时也能够深入探讨数字经济管理在产业发展与创新中的作用和影响。砠砚方建航认识到数字经济管理已经成为推动产业发展与创新的重要驱动力，因此，他希望通过研究数字经济管理下的产业发展与创新，揭示其中的规律和特点，为实践提供参考和建议。在确定研究范围时，砠砚方建航也考虑到了数字经济管理的发展趋势和未来方向，希望通过研究发现数字经济管理对产业发展与创新的推动作用，为未来政策制定和发展规划提供决策参考。在砠砚方建航看来，确定研究范围不仅是为了明确研究的重点和方向，更是为了使研究结果具有实践意义，为数字经济管理下的产业发展与创新提供有效的支持和指导。

在确定研究范围时，需要充分考虑数字经济管理的前沿理论和实践成果，既要关注国内外研究的最新进展，也要结合本土产业发展的具体情况。通过对数字经济管理在不同产业领域中的运用和效果进行深入剖析，可以揭示出其对各行业发展和创新的具体影响。

在确定研究范围时，还需要考虑到数字经济管理在不同产业间的相互关联性和传导效应，以及数字化转型对整体经济结构和产业生态的变革。同时，还应该关注数字经济管理与科技创新、人才培养、政策法规等因素之间的相互作用，进一步深化对数字经济管理在产业发展与创新中的作用机制和路径的理解。

在研究过程中，可以通过实地调研、案例分析、比较研究等方法来收集数据和信息，以及运用定量和定性分析手段，深入挖掘数字经济管理在产业发展与创新中的具体作用机理和效果。同时，还可以借助模型构建、实证研究等方法，预测数字经济管理在未来产业发展与创新中的潜在影响和发展趋势，为政府决策、企业战略制定提供科学依据和决策支持。

在研究范围界定阶段，应该全面考虑数字经济管理的理论基础、实践特点和未来发展趋势，深入探讨其在产业发展与创新中的作用和影响。通过系统性、深入的研究，可以为推动数字经济管理下产业发展与创新提供更为有效的支持和引导，促进经济社会持续健康发展。

二、样本选择

（一）抽样方法选择

在进行实证研究设计时，抽样方法选择是非常关键的一环。抽样方法选择的目的是为了保证研究结果的可靠性和有效性。合理的抽样方法选择可以有效地降低误差，提高数据的代表性，使研究结论更具说服力。

在数字经济管理下产业发展与创新的研究中，抽样方法选择应当充分考虑研究目的、研究对象以及研究方法等因素。根据研究的主要内容和研究问题，可以结合不同的抽样方法进行选择，如随机抽样、分层抽样、系统抽样等。在确定抽样方法时，需要考虑到样本的代表性、可比性以及可靠性，以确保研究结果的准确性和科学性。

抽样方法选择的合理性对于研究结果的可信度至关重要。在进行抽样方法选择时，研究者需要全面分析研究对象的特点和数量，选择适当的抽样方法，并保证样本的有效性和代表性。只有通过科学合理的抽样方法选择，研究者才能从大量数据中提取出有代表性的样本，进而对数字经济管理下产业发展与创新进行深入研究和分析。

在选择合适的抽样方法时，研究者应当注重样本的多样性和代表性，确保样本具有广泛的覆盖范围和高度的可信度。同时，考虑到数字经济管理下产业发展与创新的实际情况，也要综合考虑时间、成本等因素，以便更好地进行研究。针对不同的研究问题，应灵活运用各种抽样方法，如方便抽样、分层抽样等，从而更好地把握研究对象的特点和规律性。只有通过科学合理的抽样方法选择，研究者才能更好地进行数据的收集和分析，为数字经济管理下产业发展与创新的研究提供更有说服力的结果。在抽样方法选择过程中，要尽可能减少误差和偏差，确保研究结果的准确性和权威性。通过稳健的研究设计和精心的抽样方法选择，才能有效地揭示数字经济管理下产业发展与创新之间的内在联系和规律，为相关领域的科学研究提供有力支撑。因此，在进行研究时，抽样方法的选择至关重要，直接影响着研究结果的可信度和说服力。在未来的研究中，研究者应不断探索和完善抽样方法选择的理论和实践，以推动数字经济管理下产业发展与创新的研究成果不断取得突破性进展。

（二）样本容量确定

在研究数字经济管理下产业发展与创新的过程中，确定样本容量是非常重要的一步。样本容量的大小直接影响着研究结果的可靠性和准确性。确定样本容量的方法可以通过统计学方法计算得出，一般来说，样本容量越大，研究结果的可信度就越高。然而，在确定样本容量的过程中，研究人员也需要考虑到实际研究的目的和研究问题的复杂程度。

在实际操作中，确定样本容量的过程需要结合研究的目的和研究问题的具体情况来进行。研究人员可以通过文献综述和数据分析等方法来辅助确定样本容量的大小。在时间序列分析和实证研究设计中，也会涉及到对样本容量的确定。通过样本选择的过程，研究人员可以找到合适的样本来进行研究，同时也需保证样本的代表性和可靠性。

总的来说，在研究数字经济管理下产业发展与创新的过程中，确定样本容量是一个至关重要的环节。合理的样本容量可以保证研究结果的可靠性，帮助研究人员更好地开展研究工作，为数字经济管理的实践提供支持和参考。因此，在进行研究设计和数据分析时，研究人员应当认真思考并合理确定样本容量的大小。

在确定样本容量的过程中，研究人员需要深入思考研究的目的和问题，以确保选择的样本能够充分地代表研究对象的整体情况。在进行样本选择时，需要考虑到样本的多样性和代表性，以确保所得到的研究结果具有普适性和可靠性。研究人员还应当充分利用各种研究方法和工具，如实证分析和数据模型等，来辅助确定样本容量的大小。

在研究数字经济管理下产业发展与创新的过程中，样本容量的确定不仅是一个技术性问题，更是一个对研究深度和广度的考量。只有在合理确定样本容量的基础上，研究结果才能具有说服力和可靠性。因此，在进行样本容量确定的过程中，研究人员需要不断地反思和验证，以确保所选样本的充分性和有效性。

在时间序列分析和实证研究设计中，样本容量的确定也需要考虑到研究的时效性和可操作性。在不同类型的研究中，样本容量的要求也会有所不同，研究人员需要根据具体情况来确定最合适的样本容量。只有经过严谨的考量和科学的设计，研究结果才能真实反映研究对象的特点和规律。

总的来说，确定样本容量是研究设计中的一个至关重要的环节，直接影响到研究结果的可靠性和有效性。在数字经济管理领域的研究中，研究人员需要充分重视样本容量的确定过程，以提升研究质量和水平，为该领域的发展和实践提供有力支持。

（三）样本代表性验证

为了确保研究的准确性和可靠性，研究人员需要对所选样本的代表性进行验证。在实证研究设计中，样本选择是至关重要的一环，只有选取到代表性良好的样本，才能保证研究结果的科学性和可信度。样本代表性验证不仅涉及到样本的数量大小，还需要考虑到样本的种类是否全面，是否可以真实反映出研究对象的整体特征。通过对样本的代表性进行验证，可以有效地减少抽样误差,提高研究结论的稳定性和可靠性。在数字经济管理下产业发展与创新的研究中,样本代表性验证是确保研究结果真实有效的关键步骤之一。

针对样本代表性的验证,研究人员需要对样本的来源、选取方法以及特征进行详细分析,以确保研究的科学性和可信度。在实施样本代表性验证时,研究人员应该综合考虑样本的多样性和全面性,避免过度倾斜或局限于某一特定群体。研究人员还应该关注样本的实际应用场景,确保所选样本能够有效地反映研究对象的真实情况,从而提高研究结论的准确性和稳定性。

对于数字经济管理下产业发展与创新的研究,样本代表性验证至关重要。只有通过科学严谨的验证方法,才能有效减少样本偏差和误差,确保研究结果的可靠性和实用性。在实际研究过程中,研究人员应该结合具体研究目的和问题,选择合适的样本验证手段,如统计学方法、质性分析等,以验证样本的代表性和适用性。通过样本代表性的验证,可以提升研究的全面性和可信度,为进一步的研究工作奠定坚实的基础。

在数字经济时代,产业发展与创新的研究面临着诸多挑战和机遇。只有通过严谨科学的研究方法和有效的样本代表性验证,才能深入探索产业发展与创新的内在规律,为数字经济时代的可持续发展提供有力支撑。因此,研究人员应该高度重视样本代表性验证工作,不断完善研究设计和方法,以达到更加可靠和有效的研究成果。最终,样本代表性验证将成为数字经济管理研究中不可或缺的一环,为学术界和产业界的发展提供有力支持。

三、实证分析步骤

(一)数据准备与清洗

在进行数字经济管理下产业发展与创新的研究时,数据的准备与清洗显得尤为重要。在数据准备阶段,研究者需要确定研究的目标和问题,明确需要收集的数据类型和来源。随后,研究者应该选择合适的数据收集方法,例如问卷调查、实地观察、访谈等,确保获得高质量的数据样本。同时,在数据清洗环节,研究者需要对收集到的数据进行整理、筛选和清洗,以保证数据的准确性和完整性。

在进行文献综述时,研究者通过收集和分析相关领域的文献资料,对研究主题进行深入的了解和探讨。这一过程能够帮助研究者明确研究主题的研究现状、研究问题以及研究方法的选择，为后续研究提供重要的理论支持和参考依据。

数据分析方法是研究数字经济管理下产业发展与创新的关键一环，其中时间序列分析是常用的数据分析方法之一。通过对时间序列数据的收集、整理和分析，可以揭示数据的趋势、周期性和规律性，为研究者提供深入的数据洞察和分析依据。

在实证研究设计中，研究者需要构建合理的实证模型和假设，确定实证分析的方法和步骤，并进行相关数据的准备和清洗工作。通过科学严谨的实证分析，研究者可以验证自己的研究假设，揭示产业发展与创新之间的关系，为数字经济管理提供决策参考和发展建议。

在进行数据准备与清洗的过程中，研究者需要对所采集的数据进行筛选和整理，确保数据的准确性和完整性。数据的清洗工作包括处理缺失值、异常值和重复值，以保证数据的质量可靠。通过对数据的清洗和预处理，研究者可以排除干扰因素，减小误差，提高数据的可信度和有效性。

在数据准备的阶段，研究者还需要根据研究目的和问题制定合理的数据收集计划和方法，选择适当的数据源和样本。数据的准备工作不仅包括数据的获取和整理，还需要对数据进行标准化和转换，以适应实证分析的需要。只有数据准备充分和数据质量高，研究者才能够进行有效的数据分析和实证研究。

在时间序列数据的分析中，研究者需要运用统计学方法和计量经济学技术，对数据进行趋势分析、季节性分析和周期性分析，揭示数据的内在规律和关联性。通过建立合理的实证模型和假设，研究者可以检验模型的有效性和稳健性，验证研究假设的合理性。实证分析的结果将为研究者提供量化的数据支持和证据，帮助研究者深入理解数字经济管理下产业发展与创新的关系机制。

数据准备与清洗是数字经济管理研究中至关重要的一环，它为实证分析提供了可靠的数据基础和支撑。通过科学严谨的数据准备工作和数据清洗处理，研究者可以获得高质量的数据样本，开展深入的实证研究分析，为数字经济管理领域的理论研究和实践应用提供有力的支持和参考。

(二)模型拟合与检验

模型拟合与检验是数字经济管理研究中至关重要的部分。在研究过程中,我们需要建立适当的模型,以解释变量之间的关系,并通过对数据的拟合来验证模型的有效性。模型的拟合和检验可以帮助我们确认模型的可靠性,进而有效地分析数字经济管理下产业发展与创新的关系。在进行模型拟合时,我们需要考虑变量的选择、数据的处理以及模型参数的确定,确保模型能够准确地反映研究对象的特征。同时,在模型检验过程中,我们可以利用统计方法来评估模型的拟合程度和预测能力,从而验证模型在实证分析中的有效性。通过模型的拟合与检验,我们可以更好地理解数字经济管理对产业发展与创新的影响机制,为实证研究的顺利进行提供重要的支撑。

在数字经济管理研究中,模型拟合与检验的重要性不言而喻。建立一个正确的模型可以帮助我们更好地理解数字经济管理对产业发展与创新的影响机制。在选择变量和处理数据时需要谨慎,同时确定模型参数的准确性也至关重要。只有通过精确的模型拟合,我们才能准确地揭示变量之间的关系,从而为数字经济管理研究提供有力支持。

在模型检验的过程中,我们可以利用各种统计方法来评估模型的拟合程度和预测能力。通过检验模型在实证分析中的有效性,我们可以进一步确认模型的可靠性,从而确保我们的研究成果能够得到有效验证。只有经过严格的模型检验,我们才能更加自信地从实证数据中得出结论,为数字经济管理领域的研究提供更加可靠的依据。

通过模型的拟合与检验,我们不仅可以更好地理解数字经济管理对产业发展与创新的影响机制,还能够为实证研究提供更深入的分析。在数字经济管理研究中,模型的建立和验证是非常重要的环节,只有确保模型的准确性和有效性,我们才能得出科学可靠的结论,为数字经济管理实践提供有力支持。因此,在进行数字经济管理研究时,我们必须重视模型的拟合与检验,确保研究的严谨性和可信度,为数字经济管理领域的不断发展贡献力量。

(三)结果解释与验证

在数字经济管理下产业发展与创新的研究中,数据收集方法是非常重要的一环。通过数据收集，我们能够获取到所需的数据信息，为后续研究提供支撑。同时，文献综述也是必不可少的步骤，通过查阅相关文献资料，我们可以获取到前人的研究成果，了解当前研究领域的状况和发展趋势。

在数据分析方法方面，时间序列分析是一种常用的方法之一。通过时间序列分析，我们可以揭示数据之间的内在规律和趋势，为后续的研究提供数据支持。实证研究设计是研究的关键环节之一，通过设计合理的实证研究方案，我们能够明确研究的目的和方法，确保研究的科学性和可靠性。

在实证分析步骤中，我们需要按照既定的研究设计和方法进行数据分析，进行相关的统计算和模型建立。对结果进行解释与验证是非常重要的一步，通过对研究结果的解释和验证，我们可以验证研究假设是否成立，验证研究结论的可靠性和有效性。通过以上步骤，我们可以全面深入地探讨数字经济管理下产业发展与创新的相关问题，为实际生产和管理提供决策支持和借鉴。

在结果解释与验证阶段，我们需要对数据分析结果进行全面的分析和解释，以便深入理解研究问题的本质。在验证阶段，我们可以通过不同的方法和模型来验证研究结论的可靠性，确保研究结果的有效性。除此之外，我们还可以结合实际情况和理论知识，对结果进行进一步的讨论和推理，以便得出更准确的结论和建议。

在结果解释阶段，我们需要将数据分析结果与研究问题联系起来，解释数据中的趋势和规律，为读者提供清晰的逻辑推理和论证过程。通过深入的结果解释，我们可以揭示研究问题的本质和内在关系，为后续研究提供深刻的启示和思考。

在验证阶段，我们需要利用统计分析和检验方法对研究结果进行验证，确保研究结论的科学性和可靠性。验证的过程不仅可以帮助我们检验研究假设的成立性，还可以揭示数据之间的相关性和影响因素，为研究提供更加全面和可信的结论。

在结果解释与验证阶段，我们需要通过全面深入的数据分析和论证过程，揭示研究问题的本质和趋势，验证研究结论的可靠性和有效性，为读者和决策者提供科学的依据和指导，推动数字经济管理下产业发展与创新相关问题的研究和实践。

(四）实证结论总结

数字经济管理下产业发展与创新是当前经济学研究中一个备受关注的话题。为了深入探讨这一主题，研究者采用了多种研究方法进行数据收集与分析。通过文献综述，研究者对数字经济管理的相关理论和实证研究进行了梳理和总结，为后续研究提供了理论支持。同时，数据收集方法的选择也至关重要，研究者采用了广泛的调查问卷、深度访谈和实地观察等方法，以获取丰富且真实的数据样本。在数据分析方法方面，时间序列分析成为本研究的重要手段，通过对历史数据的挖掘和分析，揭示了数字经济管理对产业发展和创新的影响规律。

在实证研究设计阶段，研究者构建了相应的模型框架，以验证数字经济管理对产业发展与创新的影响关系。通过实证分析步骤的展开，研究者使用了多元回归分析、方差分析等统计方法，深入剖析了各个变量之间的关系。最终，经过一系列实证分析，研究者得出了结论总结：数字经济管理在一定程度上促进了产业发展的进程，同时也对创新能力的提升起到一定的推动作用。这一结论为数字经济管理下产业发展与创新提供了实证支撑，并为相关决策提供了参考依据。

在实证研究过程中，研究者还发现了数字经济管理对产业发展和创新的影响是一个复杂而多维的过程。通过对不同行业、不同企业的实地观察和深度访谈，研究者发现数字技术在推动企业转型升级和创新发展中所起的积极作用。同时，研究者还发现数字经济管理在提升企业竞争力、降低生产成本方面发挥了重要作用。

研究者在时间序列分析中还发现了数字经济管理对企业经营效率和市场反应速度的提升效果。数字化技术的应用使企业能够更加灵活地应对市场需求的变化，提高了企业的经营效率和决策效果。同时，数字经济管理的推动也加速了企业内部创新机制的建立和完善，促进了企业创新能力的提升。

在实证分析的过程中，研究者还发现数字经济管理对企业人才培养和知识产权保护的重要性。通过数字化技术的应用，企业能够更好地吸引和留住高素质的人才，建立起符合企业发展需求的人才队伍。同时，数字经济管理也为企业提供了更好的知识产权保护机制，保障了企业的核心技术和创新成果的安全性。

数字经济管理在促进产业发展和创新方面具有重要意义。通过实证研究的分析，我们可以看到数字技术对企业发展的积极影响，为企业提升竞争力、加速创新提供了新的机遇和挑战。随着数字经济管理的不断深入和发展，我们有理由相信数字化时代将为企业带来更广阔的发展空间和机遇。

第四节 研究不确定性分析

一、灵敏度分析

(一) 参数变动对结果的影响

参数变动对结果的影响是数字经济管理领域研究中的一个重要环节。在进行实证研究时，研究者需要考虑不同变量之间的关联关系，并通过灵敏度分析来检验参数的变动对结果的影响程度。通过对数据进行时间序列分析，可以更好地了解产业发展与创新之间的关系。在实证研究设计阶段，研究者需要仔细选择合适的数据收集方法，充分利用文献综述中的相关理论。在实证分析步骤中，要注意研究不确定性分析的结果，以避免结果的不确定性影响结论的准确性。通过灵敏度分析，研究者可以更好地理解参数的变动对结果的影响，从而得出更为可靠的结论。在数字经济管理的研究中，参数变动对结果的影响是需要引起重视的一个方面，只有通过严谨的数据分析方法和实证研究设计，才能得出具有说服力的结论。

参数变动对结果的影响是管理领域研究中至关重要的一个环节。研究者在进行实证研究时，需要充分考虑不同变量之间的关联关系，并通过灵敏度分析来检验参数变动对结果的影响程度。在数据进行时间序列分析的过程中，可以更全面地了解产业发展与创新之间的关系。在实证研究设计阶段，选择合适的数据收集方法至关重要，同时要充分利用文献综述中的相关理论。在实证分析步骤中，研究者需要特别注意研究不确定性分析的结果，以确保结论的准确性。通过灵敏度分析，研究者可以更深入地了解参数变动对结果的影响，进而得出更为可靠的结论。在数字经济管理领域的研究中，参数变动对结果的影响有着重要意义，只有通过严谨的数据分析方法和实证研究设计，研究者才能够得出具有说服力的结论。因此，在研究过程中，必须高度重视参数变动对结果的影响，以确保研究结论的科学性和可靠性。

（二）结果的鲁棒性检验

结果的鲁棒性检验是研究中非常重要的一个部分。通过对结果的鲁棒性进行检验，可以验证研究的可靠性和稳健性。在数字经济管理下产业发展与创新的研究中，我们不仅要关注结果的统计显著性，还要考虑结果是否具有鲁棒性。通过对结果的鲁棒性进行检验，可以确保研究结论的有效性，并进一步提高研究的可信度和可靠性。在进行结果的鲁棒性检验时，我们可以采用不同的方法和技术，如 Botstrap 法、蒙特卡罗模拟等，来对结果进行验证和检查，以确保研究结果的有效性和可靠性。通过对结果的鲁棒性进行检验，我们可以更加全面和客观地评估研究结果，并为进一步研究提供更加可靠的依据和支持。

在数字经济管理领域下，对于产业发展与创新的研究，我们需要深入了解结果的鲁棒性检验在研究中的重要性。通过对结果的鲁棒性进行检验，可以确保研究结论的稳健性和可信度。在实际操作中，我们可以采取不同的方法和技术来验证结果的鲁棒性，例如敏感性分析、健壮性检验等。这些方法有助于我们发现结果中的异常情况或潜在偏差，并进一步提升研究结果的可靠性。除此之外，对结果的鲁棒性进行检验还可以帮助我们更好地理解数据背后的真实模式和规律，从而为进一步的决策和政策制定提供更加可靠的依据。

在进行结果的鲁棒性检验时，除了关注结果的统计显著性外，还需要考虑结果的一致性和稳定性。通过不同方法的交叉验证和比较，我们可以更全面地评估研究结果的准确性和可靠性。结果的鲁棒性检验还可以帮助我们识别潜在的异常观测值或离群数据，从而更好地掌握数据的质量和可靠性。在当前数字化时代，数据驱动的研究越来越受到重视，而对结果的鲁棒性进行检验则成为确保研究质量和可信度的重要手段。

结果的鲁棒性检验不仅是研究中的一项必需步骤，更是保障研究结论有效性和稳健性的关键环节。通过对结果的鲁棒性进行检验，我们可以更好地理解研究结果的真实含义,为实证研究提供更加可靠和科学的数据支撑。同时,结果的鲁棒性检验也有助于消除不确定性因素,提高研究的可信度和可靠性,为决策者和管理者提供更加准确的参考依据。因此,在进行产业发展与创新研究时,我们应当充分重视结果的鲁棒性检验,以确保研究质量和可信度的提升。

(三)风险评估

风险评估是研究中不可或缺的重要部分,其目的在于评估研究所涉及到的不确定性因素对研究结果的影响程度,以便及时识别和应对潜在的风险。在数字经济管理下产业发展与创新的研究中,风险评估尤为重要,因为数字经济的快速发展给产业发展和创新带来了新的挑战和机遇。通过对风险进行评估,可以有效地避免产业发展和创新过程中可能遇到的困难和挫折。

在进行风险评估时,研究者需要综合考虑各种潜在的风险因素,包括外部环境的不确定性、技术进步的不确定性、市场需求的不确定性等。通过对这些因素进行综合分析和评估,可以更全面地了解研究的风险状况,从而制定相应的风险管理策略和应对措施。

除了对不确定性因素进行评估外,研究者还需要进行灵敏度分析,以评估不确定性因素对研究结果的影响程度。通过对各种可能性情景的模拟和分析,可以更好地了解研究的脆弱性和敏感性,为研究结果的有效解释和应用提供更可靠的依据。

风险评估在数字经济管理下产业发展与创新的研究中具有重要意义,研究者需要通过综合分析和评估不确定性因素,科学地制定风险管理和控制措施,以确保研究的顺利进行和取得可靠的结果。只有这样,才能更好地推动产业发展和创新,实现数字经济管理的可持续发展目标。

在进行风险评估的过程中,研究者需要充分考虑到市场需求的快速变化和不确定性带来的挑战。通过对市场趋势、竞争格局和消费者需求进行深入分析,可以更好地把握市场风险,有效规避可能出现的问题。

还需要注重行业内部因素的评估和分析,包括供应链的稳定性、技术突破的风险以及管理团队的专业水平等。这些因素的不确定性会直接影响到项目的运行和成果,因此研究者需要对其进行细致的研究和评估,以制定有效的风险管理措施。

在进行灵敏度分析时,研究者需要充分考虑到各种可能性情景的影响,包括市场变化、技术进步和政策法规变化等因素。只有通过科学的模拟和分析,才能更好地了解项目的潜在风险和应对措施,为研究结果的可靠性提供保障。

综合而言,风险评估在数字经济管理下产业发展与创新研究中至关重要。只有研究者能够全面评估不确定性因素,并科学制定相应的风险管理策略和应对措施,才能确保研究的顺利进行和取得可靠的结果。这将有助于推动产业发展和创新,实现数字经济管理的可持续发展目标。

(四)灵敏度分析方法选择

根据《数字经济管理下产业发展与创新》这一主题,进行实证研究时,研究者需要选择适合的灵敏度分析方法。灵敏度分析是一种重要的数据分析方法,用于评估实证研究结果对于模型参数的敏感程度,从而判断研究结论的稳健性和可靠性。在选择灵敏度分析方法时,研究者需要考虑多种因素,包括模型结构的复杂性、数据的可靠性、以及研究结果的解释性等。常用的灵敏度分析方法包括参数敏感度分析、场景分析、断点分析等。研究者可以根据研究对象和研究目的选择合适的灵敏度分析方法,以提高研究结论的准确性和可信度。通过灵敏度分析方法的选择,研究者可以更好地理解数据的特性和模型的局限性,为数字经济管理下产业发展与创新的实证研究提供更为全面和系统的分析。

在实证研究过程中,选择适当的灵敏度分析方法是至关重要的。除了常用的参数敏感度分析、场景分析和断点分析外,还有其他一些灵敏度分析方法可以帮助研究者更全面地评估研究结果的可靠性。例如,敏感性检验可以帮助确定模型中哪些参数对结果影响最大,从而确定重点关注的变量。蒙特卡洛模拟是一种通过随机采样方法评估模型参数的分布情况的方法,可以帮助研究者了解结果的稳定性和置信区间。灵敏度分析还可以结合实地调研和案例分析,进一步验证模型的有效性和适用性。在选择灵敏度分析方法时,研究者需要根据具体情况综合考虑多种因素,以确保研究结论的科学性和可靠性。通过精心选择合适的灵敏度分析方法,研究者能够更深入地探究经济管理下产业发展与创新的机制和影响因素,为政策制定和实践提供更有力的支撑。通过灵敏度分析方法的灵活应用,研究者可以不断完善研究方法和结果解释,为数字经济时代的产业发展与创新提供更为深入和全面的理解。

二、蒙特卡洛模拟

(一) 概率分布设定

在数字经济管理下产业发展与创新的研究过程中,数据收集方法是至关重要的一步。文献综述是寻找先前研究成果和理论框架的关键,有助于指导研究方向。数据分析方法包括时间序列分析,通过对历史数据的统计和趋势分析,可以揭示产业发展与创新的规律。实证研究设计是构建研究模型和收集样本数据的基础,实证分析步骤则是对数据进行统计、建模、验证和解释的过程。

研究不确定性分析是为了识别研究中存在的不确定因素,蒙特卡洛模拟则是一种常用的方式,通过随机模拟方法来评估不确定性对研究结果的影响。概率分布设定则是在模拟过程中对随机变量的分布进行设定,以便更准确地模拟研究对象的行为。

在数字经济管理的研究中,以上方法与步骤的运用将有助于深入理解产业发展与创新的规律性,并为相关决策提供科学依据。经过精心设计和严格实施,研究者可以准确地把握产业发展与创新的关键因素,并为实现经济增长和社会进步贡献自己的智慧和力量。

在实证研究设计中,研究者需要充分了解产业发展和创新的内在机制,找准关键数据指标并建立合适的模型。通过收集大量样本数据并进行统计分析,可以更好地揭示产业发展的趋势和规律。在实施实证分析步骤时,研究者需要进行模型验证和数据解释,以确保研究结果的可靠性和有效性。

不确定性分析是研究中一个至关重要的环节,通过蒙特卡洛模拟等方法,可以识别潜在的不确定因素并评估其对研究结果的影响。在概率分布设定阶段,研究者需要根据实际情况设定随机变量的分布,以保证模拟结果的准确性和可信度。

数字经济管理领域的研究具有重要的实践意义,深入运用以上方法与步骤可以为相关决策提供科学依据。经过精心设计和严格实施,研究者能够全面把握产业发展与创新的关键因素,为实现经济增长和社会进步贡献自己的研究成果和思考。通过不懈努力和持续探索,数字经济管理将迎来更加璀璨的未来,为推动产业升级和创新发挥更大的作用。

(二)随机模拟过程

数字经济管理下产业发展与创新是当前研究的热点问题之一。在进行实证研究时,数据的有效收集是至关重要的。数据收集方法包括文献综述和实地调研,通过对相关文献进行梳理和总结,可以获取到大量的数据资料。时间序列分析是一种常用的数据分析方法,可以揭示数据的变化规律和趋势。

实证研究设计是研究的基础,需要明确研究的目的和问题,确定研究的变量和假设。在实证分析步骤中,研究者需要选择合适的分析方法,并进行数据处理和模型建立。研究的不确定性分析是评估研究结果的可靠性和稳定性的重要手段,蒙特卡洛模拟可以帮助研究者通过随机模拟过程来评估研究结果的不确定性,提高研究结论的可信度。

随机模拟过程是一种有效的研究方法,可以帮助研究者进行数据分析和结论验证。通过模拟大量的随机事件,可以更好地理解数据之间的关系和趋势。随机模拟过程的意义在于可以减少研究中的主观因素和误差,提高研究结论的科学性和可信度。因此,在数字经济管理下产业发展与创新的研究中,随机模拟过程具有重要的意义,并应该得到更多的关注和应用。

(三)模拟结果分析

在数字经济管理下产业发展与创新的研究中,数据收集是至关重要的一步。研究者可以通过不同的途径和方法来获取相关数据,包括数据采集、问卷调查、实地观察等。文献综述也是必不可少的,通过对已有研究成果的总结和分析,可以为研究提供有力的支持和指导。

数据分析方法在数字经济管理研究中发挥着至关重要的作用。时间序列分析是一种常用的数据分析方法,可以帮助研究者发现数据的变化规律和趋势。实证研究设计是研究的关键环节,研究者需要设计合理的实证研究方案来验证研究假设，确保研究结果的可靠性和有效性。

实证分析步骤是实证研究中的具体操作步骤，包括数据处理、模型建立、实证分析等。研究不确定性分析是在研究过程中必须考虑的因素之一，研究者需要对研究结果的不确定性进行分析和评估，以保证研究结论的科学性和可靠性。

蒙特卡洛模拟是一种常用的统计方法，可以通过随机模拟的方式来评估模型的稳健性和可靠性。模拟结果分析是对蒙特卡洛模拟结果的进一步分析和解释，可以帮助研究者更好地理解研究结果的含义和影响。通过以上步骤和方法的运用，研究者可以更好地开展数字经济管理下产业发展与创新的研究工作，为相关领域的发展做出更大的贡献。

（四）不确定性降低策略

在进行数字经济管理下产业发展与创新的研究过程中，数据的收集方法至关重要。通过文献综述可以了解前人对于相关领域的研究成果，为我们提供了宝贵的参考和启示。数据分析方法是确保研究结果客观准确的关键步骤，其中时间序列分析可以帮助我们理解数据的发展趋势和规律。

在实证研究设计阶段，我们需要明确研究的目的和问题，并设计合理的实证分析步骤。通过实证研究，我们可以验证假设并得出结论，为产业发展与创新提供科学依据。在研究过程中，我们还需要考虑不确定性分析，通过蒙特卡洛模拟等方法评估风险和可能的变化，以便制定相应的不确定性降低策略。

不确定性降低策略的意义在于帮助我们更好地应对各种可能的风险和挑战，提高研究的可靠性和稳健性。通过有效的不确定性降低策略，我们可以减少研究过程中的风险，确保研究结果的准确性和可靠性，为数字经济管理下产业发展与创新提供更有力的支持。

在实证研究设计阶段，我们需要充分了解研究对象的背景和特点，提出明确的研究问题，并选择合适的数据收集方法和分析工具。只有确保数据的准确性和可靠性，我们才能得出客观的研究结论。在实证研究中，时间序列分析是一种常用的方法，它可以帮助我们揭示数据的规律性和趋势，为研究提供有力的支撑。

在考虑不确定性分析时，我们需要认识到风险和变化是研究中不可避免的因素。通过蒙特卡洛模拟等方法，我们可以模拟各种不确定性情况，评估可能的风险，并制定相应的策略来降低不确定性的影响。这样可以增强研究的稳健性，确保我们所得出的结论具有可信度和可靠性。

有效的不确定性降低策略是保障研究结果准确性的关键。在研究过程中，我们需要积极应对各种可能的挑战和干扰因素，及时做出调整和改进，以确保研究的顺利进行和结论的科学客观。只有通过科学的实证方法和有效的不确定性降低策略，我们才能为数字经济管理下的产业发展与创新提供有力的支持，促进经济的可持续发展和进步。

第四章 数字经济背景下的产业创新案例研究

第一节 互联网行业创新案例

一、阿里巴巴的数字化转型

阿里巴的数字化转型如火如荼,深刻体现了数字经济管理下产业发展与创新的重要性。作为中国互联网行业的领头羊,阿里巴以其独特的商业模式和创新精神,在数字化转型的道路上不断探索前行。通过构建一体化的数字经济生态系统,阿里巴实现了线上线下的融合,为企业和消费者提供了全方位的服务。在数字技术的推动下,阿里巴加速了产业升级和创新发展的步伐,为中国的数字经济注入了强劲动力。

阿里巴以大数据、人工智能、云计算等新技术为支撑,积极探索数字化创新之路。通过对海量数据的深度挖掘和分析,阿里巴成功构建了个性化、精准的营销服务,推动了企业的精准营销和消费者的精准购物体验。同时,阿里巴借助人工智能技术,开发智能客服系统,提升了客户服务的效率和质量,为企业和消费者搭建了更加便捷的沟通桥梁。在云计算领域,阿里巴通过自身的技术优势和体系化服务,为企业提供了高效、安全的云计算服务,助力企业实现数字化转型。通过不断创新,阿里巴在数字经济时代迎来了新的发展机遇。

通过数字化转型,阿里巴实现了企业自身的创新发展,同时也带动了整个产业生态的升级和进步。阿里巴与各行各业的合作伙伴共同探索数字经济管理下的新路径,促进了各行业数字化转型的加速推进。阿里巴带动了消费模式的革新和商业模式的变革,助力了传统产业的数字化升级和创新发展。同时,阿里巴还积极拓展国际市场,推动了全球数字经济的发展,促进了全球产业协同发展。阿里巴的数字化转型成果,不仅为中国数字经济注入了新活力,也为全球数字经济的发展提供了有力支持。

在数字经济管理下,阿里巴的数字化转型案例为其他企业提供了宝贵的借鉴和启示。作为一家成功的互联网企业,阿里巴凭借其创新精神和技术实力,不断开拓前行,实现了企业自身的转型与升级。数字化转型,不仅是企业发展的必由之路,更是推动产业创新发展的强大引擎。通过数字经济管理下的产业发展与创新,阿里巴为中国乃至全球经济的数字化发展作出了积极贡献,为构建数字未来贡献了自己的力量。

二、腾讯的生态圈建设

腾讯作为中国领先的互联网企业,一直致力于构建完善的生态圈。通过旗下多样化的产品和服务,腾讯成功实现了用户的多方位需求,并在互联网行业中树立了良好的口碑。腾讯的生态圈建设,不仅是为了自身利益,更是为了推动整个产业的发展与创新。腾讯通过开放平台、合作伙伴关系和技术创新,不断拓展生态圈,为数字经济的发展注入了新动力。在不断变革的互联网行业中,腾讯的生态圈建设展现出了其开放、包容和创新的发展理念,成为产业发展与创新的典范。

腾讯的生态圈建设不仅是为了自身利益,更是为了推动整个产业的发展与创新。通过开放平台和合作伙伴关系,腾讯为广大用户提供了更多元化的产品和服务,满足了他们不同方面的需求。腾讯通过技术创新不断拓展生态圈,在数字经济领域注入了新的活力。腾讯的开放、包容和创新的发展理念,吸引了越来越多的合作伙伴加入生态圈,共同推动产业的持续发展。在互联网行业不断变革的浪潮中,腾讯始终保持着对未来的前瞻性思考和行动,成为了产业发展与创新的典范。腾讯的生态圈建设不仅是提供产品和服务,更是一种智慧和力量的综合体现,为整个数字经济的发展奠定了坚实的基础。通过与合作伙伴的协作与共赢,腾讯不断推动着产业链的优化和升级,为用户带来更加便捷、高效的互联网体验。未来,腾讯将继续秉承着开放、包容和创新的发展理念,不断完善生态圈,为数字经济的蓬勃发展贡献自己的力量。

三、百度的人工智能应用

在数字经济时代,互联网行业的创新案例层出不穷。作为中国互联网巨头之一,百度在人工智能领域取得了重大突破。通过不断深耕人工智能技术,百度已经成功应用在多个领域,提升了产业的竞争力。其中,百度的人工智能语音识别技术在智能语音助手、智能翻译等领域取得了显著成就,为用户提供了更便捷的服务体验。除了语音识别技术,百度的人工智能图像识别技术也实现了突破,广泛应用于人脸识别、图像识别等领域,为各行各业提供了更加智能化的解决方案。百度还结合人工智能技术开发了自动驾驶技术,引领了智能交通领域的风潮。可以说,百度的人工智能应用已经深刻影响了产业的发展与创新,为数字经济时代的产业进步注入了新的活力和动力。

四、字节跳动的内容生态打造

字节跳动作为一家互联网公司,在内容生态打造方面具有独特的创新。通过不断优化用户体验,提供个性化推荐内容,满足用户多样化的需求,实现了内容生态的良好发展。通过算法的智能推荐,用户可以获得更加精准、符合自身兴趣的内容,从而提高用户粘性和参与度。同时,字节跳动还通过与各类内容创作者合作,丰富了平台上的内容类型,为用户提供更多选择和更丰富的内容体验。通过内容创作者和用户的良性互动,不断壮大内容生态,拓展了平台的影响力和竞争优势。字节跳动在内容生态打造上的创新实践,为数字经济时代的产业发展和创新提供了有益借鉴,为业界树立了一个成功的案例。

五、美团外卖的智能配送系统

美团外卖的智能配送系统,是基于数字经济管理下产业发展与创新的典型案例之一。通过引入先进的技术和数据分析算法,美团外卖成功实现了智能化配送系统的搭建与优化,有效提升了配送效率和服务质量。这一创新举措为互联网行业带来了全新的配送模式,极大地改变了传统外卖行业的运作方式,同时也促进了整个生态系统的升级和发展。在数字经济背景下,美团外卖的智能配送系统充分体现了产业发展与创新的重要价值和意义,为行业的进步和未来发展指明了方向。

在数字经济的浪潮下,美团外卖的智能配送系统不仅是一种技术革新,更是一种商业模式的变革。通过数据分析和人工智能技术的应用，美团外卖成功地打破了传统外卖行业的局限，实现了从靠经验和主观判断的配送方式向智能、高效的方向转变。这种智能化配送系统不仅提高了用户的满意度，也大地提升了配送员的工作效率和安全性，为整个外卖行业注入了新的活力。

在美团外卖的智能配送系统下，订单的分配和调度准确无误，配送路线更加合理，大减少了配送时间和距离，提高了送餐速度，同时也降低了配送成本。这种全新的配送模式不仅促进了外卖配送行业的发展，也创造了更多的就业机会，为社会经济的发展带来积极的影响。

美团外卖的智能配送系统还为外卖行业带来了更多的商业机会和发展空间。通过大数据分析，美团外卖可以更好地了解用户的偏好和需求，为商家提供精准的推广服务，帮助商家增加销量和参与竞争优势。同时，智能配送系统的运用也推动了新技术的不断创新和应用，为数字经济时代的产业升级和智能化转型奠定了坚实基础。

总的来说，美团外卖的智能配送系统是数字经济管理下产业发展与创新的成功典范，它不仅是一项技术革新，更是一种商业模式的颠覆和创新。在未来的发展中，随着技术和数据分析算法的不断进步，相信美团外卖的智能配送系统将会为外卖行业带来更多的改变和突破，为用户和商家提供更加便捷、高效的服务体验。

第二节　制造业创新案例

一、沃尔沃汽车的智能制造

沃尔沃汽车作为瑞典知名汽车制造商，一直致力于在制造业方面的创新和发展。近年来，沃尔沃汽车不断推进智能制造技术的应用，通过数字化、智能化、网络化的手段，实现了制造业的转型升级。智能制造在沃尔沃汽车的生产中发挥着重要作用，不仅提高了生产效率和产品质量，也加快了产品的市场推广速度。沃尔沃汽车采用智能制造技术，将传统制造业中的生产系统进行升级，实现了智能化生产线的建设和智能设备的应用。通过智能系统的监控和分析，沃尔沃汽车可以实时掌握生产情况，及时调整生产计划，提高了生产效率和产品质量。同时，沃尔沃汽车还通过智能制造技术，实现了工厂的自动化管理，减少了人力成本，提高了生产效率。在智能制造的引领下，沃尔沃汽车不断推进工业4.0和智能制造的发展，为制造业的创新和发展注入新的动力。

沃尔沃汽车作为智能制造的先行者，不断探索新的领域。通过投入大量资源和精力，沃尔沃汽车成功实现了智能制造技术在生产中的全面应用。随着智能设备的广泛应用，沃尔沃汽车的生产线变得更加高效、灵活。智能系统的监控和分析为生产提供了有力的支持，使得生产过程更加精准、可控。沃尔沃汽车的工厂管理也变得更加智能化，自动化的生产模式大降低了人力成本，同时提高了生产效率。在市场竞争激烈的情况下，沃尔沃汽车通过智能制造技术不断提升自身的竞争力，加快了产品的研发与推广速度，为企业创造了更多的价值和利润。未来，沃尔沃汽车将继续致力于智能制造技术的研究和应用，不断追求卓越，引领行业发展的潮流。通过不懈努力，沃尔沃汽车将在智能制造领域取得更加辉煌的成就，为公司的可持续发展和行业的创新发展做出更大的贡献。

二、联想集团的工业互联网应用

联想集团在工业互联网应用领域进行了多方面的探索与尝试，通过数字化技术的运用，实现了制造业的创新和提升。在生产过程中，联想集团利用工业互联网技术，实现了设备之间的智能连接和协同工作，提高了生产效率和产品质量。通过对数据的实时监控和分析，联想集团能够及时发现生产过程中的问题，并迅速调整生产计划，提高了生产效率和灵活性。在产品设计和研发阶段，联想集团通过工业互联网技术实现了全产业链的数字化设计和协同开发，有效提升了产品的创新能力和市场竞争力。

联想集团还通过工业互联网技术实现了供应链的智能化管理，实现了全球供应链的信息共享和协同优化，降低了成本，提高了产品交付的及时性和可靠性。在销售和服务领域，联想集团通过工业互联网技术实现了与客户的紧密连接，实现了个性化定制和快速响应，提升了客户满意度和品牌忠诚度。总的来看，联想集团在工业互联网应用方面取得了一系列创新成果，为中国制造业的数字化转型和升级提供了有力支撑，展现了数字经济背景下产业创新的前景和潜力。

在面临激烈的市场竞争和快速变革的时代背景下，联想集团积极融合工业互联网技术，不断探索创新路径。在生产管理方面，联想集团加强了智能化生产线的建设，实现了设备之间的实时数据共享和远程监控，有效提升了生产效率和产品质量。同时，借助工业互联网技术，联想集团还成功构建了智能化的生产计划系统，利用大数据和人工智能技术预测市场需求，实现了生产计划的精准调整，进一步提高了生产的灵活性和反应速度。

在产品设计和研发领域，联想集团积极推动数字化设计和协同开发，利用虚拟仿真技术进行产品测试和验证，大缩短了产品开发周期，提升了创新能力和市场竞争力。同时，联想集团不断优化供应链管理，通过引入物联网技术实现了供应链的智能化升级，实现了全球供应链的信息共享和协同优化，从而降低了成本，提高了产品交付的及时性和可靠性。

在销售和服务方面，联想集团通过建立全面的客户信息数据库，实现了与客户的精准连接和个性化定制，提高了客户满意度和忠诚度。同时，借助工业互联网技术，联想集团建立了快速响应的客户服务机制，实现了用户问题的及时解决和反馈，进一步提升了品牌形象和声誉。可以说，联想集团在工业互联网应用方面不断探索创新，为中国制造业的数字化转型和升级注入了新的活力和动力，展现了数字经济背景下产业创新的广阔前景和巨大潜力。

三、富士康的智能工厂建设

富士康作为世界上最大的电子产品制造商之一，一直致力于推动制造业的创新发展。在数字经济背景下，富士康积极借助先进的科技手段、物联网技术和智能制造理念，建设智能工厂，以提升生产效率和品质水平。富士康智能工厂的建设不仅在制造业领域树立了创新的典范，也为其他企业提供了宝贵的经验借鉴。通过数字化、自动化和智能化的生产方式，富士康实现了制造过程的智能化管理和优化，大提高了生产效率和产品质量。同时，智能工厂的建设也为员工提供了更加先进和舒适的工作环境，增强了员工的幸福感和工作积极性。总的来说，富士康的智能工厂建设不仅推动了企业自身的发展，也为整个制造业的转型升级提供了重要的借鉴和启示。

在富士康智能工厂建设的过程中，公司不断加大对技术研发和人才培养的投入，致力于打造具有全球竞争力的生产制造体系。通过引入人工智能、大数据分析、机器学习等先进技术，富士康不断优化生产流程，提高生产效率和产品质量。同时，智能工厂的建设也为环境保护和资源节约做出了积极贡献，减少了能源消耗和废物排放，实现了可持续发展和绿色生产。在全球产业转型升级的大背景下，富士康的智能工厂建设不仅提升了企业的核心竞争力，也为整个产业链的数字化转型提供了重要的参考和推动。随着智能技术的不断发展和应用，富士康还将继续推动智能工厂建设的深度和广度，不断开拓创新领域，引领行业发展的新浪潮。在未来，富士康将继续坚持科技创新和可持续发展的发展理念，努力成为全球智能制造的引领者和示范者，为推动全球制造业的升级和转型贡献更大的力量。

第三节　金融科技创新案例

一、蚂蚁金服的数字化金融服务

蚂蚁金服的数字化金融服务一直以来都在数字经济背景下发挥着重要作用，为用户提供高效、便捷的金融服务。通过技术创新和数字化转型，蚂蚁金服不断推动金融科技创新，满足用户需求，促进产业发展和创新。在数字经济时代，蚂蚁金服致力于改变传统金融服务模式，引领金融行业的数字化转型和升级。通过智能科技的运用，蚂蚁金服成功构建起了一个全新的金融生态体系，为用户提供更加便捷、安全、高效的金融服务。在数字经济管理下，蚂蚁金服不断探索创新，推动数字经济与金融行业的深度融合，为产业发展和创新注入新动力。

在数字经济时代，蚂蚁金服积极响应国家政策号召，加快数字化转型步伐，不断提升金融科技创新水平。通过大数据分析和人工智能技术的运用，蚂蚁金服成功构建了高效的风控体系，提升了金融服务的智能化水平。同时，蚂蚁金服还加强了与各金融机构之间的合作，促进了金融行业全面数字化转型的进程。

蚂蚁金服在数字经济管理下，不断优化产品和服务，提升用户体验。通过建立智能投顾系统和智能信贷系统，蚂蚁金服有效提高了金融服务的便捷性和个性化水平，为用户提供了更多元化的金融选择。蚂蚁金服还通过区块链技术的应用，加强了金融数据的安全性和透明度，保障了用户信息的安全和隐私。

蚂蚁金服在数字经济背景下，不断拓展金融服务领域，推动了金融行业的创新和发展。通过与实体经济的结合，蚂蚁金服为小微企业和个体经济主体提供了更多的金融支持，助力实体经济的健康发展。同时，蚂蚁金服还引领着金融行业向数字化、智能化、绿色化转型，为社会经济的可持续发展注入了新的活力。

总的来说，蚂蚁金服作为金融科技领域的领军企业，凭借在数字化金融服务方面的不懈努力和技术创新，正在不断书写着数字经济时代的新篇章。在未来，我们有理由相信，蚂蚁金服将继续发挥着重要作用，引领金融行业向着数字化、智能化的方向迈进，为用户提供更加便捷、安全、高效的金融服务，共同构建数字经济时代的美好未来。

二、微众银行的区块链应用

微众银行是中国领先的数字银行，始终致力于金融科技创新。在数字经济时代，微众银行充分利用区块链技术，推动金融行业的变革与转型。区块链作为一种去中心化的分布式账本技术，具有不可篡改、安全高效等特点，为金融机构提供了更加可靠、透明的数据存储和交易方式。

微众银行运用区块链技术，实现了跨境支付的便捷与安全。传统跨境支付存在着信息不对称、时间成本高等问题，而区块链技术的应用，极大地简化了跨境支付的流程，减少了中间环节，提高了支付的实时性和效率。通过区块链的智能合约功能，微众银行为用户提供了更加快速、安全的跨境支付服务，有效地降低了跨境交易的风险与成本。

微众银行利用区块链技术，实现了信贷风险管理的创新。传统银行在风险管理过程中，存在着信息不对称、风险评估不准确等问题，而区块链技术的应用，使得信贷风险管理更加智能化和精准化。通过区块链技术的数据共享和可追溯性，微众银行能够更准确地评估借款人的信用风险，并及时调整信贷策略，降低了信贷风险并提高了贷款的可贷性。

总的来说，微众银行的区块链应用为金融行业带来了新的活力与机遇，推动了金融科技的创新与发展。区块链技术的广泛应用，将为未来金融行业带来更多的变革与突破，有助于构建一个更加智能、高效、安全的金融生态系统。

微众银行的区块链应用不仅在跨境支付服务和信贷风险管理方面取得了显著成就，还在其他领域展现出巨大潜力。例如，微众银行利用区块链技术改进了客户身份验证和KYC（了解您的客户）的过程。通过区块链的加密和不可篡改性，客户的身份信息得以更安全地存储和验证，同时简化了开户流程。微众银行还运用区块链技术提高了内部业务流程的效率，例如通过智能合约自动执行合同和条款，减少了人为错误和延迟。区块链技术也被应用于打击金融欺诈和洗钱活动，通过实现交易信息的实时监控和可追溯性，有效减少了违规行为的发生。在未来，随着微众银行和其他金融机构对区块链技术的深入研究和应用，我们可以期待看到更多创新和进步。区块链技术的不断发展将为金融行业带来更多的透明度、安全性和效率，为建设一个更加稳健和均衡的金融生态系统奠定基础。

三、百度金融的智能投顾系统

百度金融的智能投顾系统在金融科技领域具有很高的知名度和影响力。该系统利用人工智能和大数据技术，为投资者提供智能化的投资建议和资产配置方案。通过分析用户的投资偏好和风险承受能力，系统能够为每位投资者量身定制个性化的投资方案，提高投资效率和收益水平。该系统的推出不仅为投资者提供了更加便利的投资渠道，也在一定程度上促进了金融科技的创新发展。通过不断优化算法和提升服务质量，百度金融的智能投顾系统不断赢得用户的信赖和好评，成为金融科技领域的一颗璀璨明珠。

百度金融的智能投顾系统不仅在金融科技领域具有很高的知名度和影响力，同时也给投资者带来了更加便利和高效的投资体验。该系统不断优化算法和提升服务质量，为用户提供更加全面和精准的投资建议。通过分析用户的投资偏好和风险承受能力，系统能够为每位投资者量身定制个性化的投资方案，使投资者能够更加科学地进行资产配置，提高收益水平。同时，百度金融的智能投顾系统也在金融科技创新的道路上不断探索和前行，为行业发展注入新的活力和动力。

用户对百度金融的智能投顾系统赞誉有加，认可其准确性和可靠性。不少投资者在使用该系统后，获得了令人满意的投资回报，提升了投资者的信心和对金融科技的信任。不仅如此，该系统的引入也为金融科技领域注入了新的活力，推动了金融技术的创新和发展。随着金融市场不断变化和波动，百度金融的智能投顾系统始终保持着高效和灵活的投资策略，为投资者提供了更加可靠和智能的投资方案。

百度金融的智能投顾系统不仅为投资者提供了更加智能和便捷的投资服务，也为金融科技领域的发展起到了积极的推动作用。未来，随着科技的不断进步和金融市场的不断完善，相信百度金融的智能投顾系统将继续发挥其重要作用，为广大投资者带来更加稳健和可靠的投资体验，并为金融科技行业的创新和发展贡献力量。

第四节 零售业创新案例

一、京东的智能零售体验

京东的智能零售体验可以说是数字经济时代下零售业的一个成功案例。京东利用人工智能、大数据、物联网等先进技术，为消费者打造了一个智能化、个性化的购物体验。通过智能推荐、智能客服等功能，京东能够更好地了解消费者需求，提供更加个性化的商品推荐和服务。同时，京东还通过智能物流系统实现了快速、高效的配送，提升了消费者的整体购物体验。京东的智能零售体验不仅提升了消费者的购物体验，也为零售业带来了创新和发展的机会。京东不断探索数字技术在零售领域的应用，不断优化自身的服务和产品，成为了数字经济时代下零售业的领军企业之一。

在数字经济时代下，京东的智能零售体验成为了一个引领行业潮流的标杆。其不断创新的技术应用，让消费者感受到了前所未有的便捷和个性化购物体验。通过人工智能技术的不断升级，消费者的需求得到更加精准的匹配，使购物变得更加简单和愉快。

京东的智能客服系统为消费者提供了全天候在线咨询服务,解决了购物过程中的疑惑和问题,让消费者感受到被重视和关爱。同时,智能推荐系统根据消费者的购物历史和偏好,为其精准推荐商品,提高了购物的效率和满足感。

除了在商品推荐和客服方面的优势,京东的智能物流系统也为消费者带来了极高的便利。通过预测性分析和智能调度,京东的物流能够实现精准的送货时间,让消费者可以更加方便地收到所需商品,缩短了等待时间,提升了购物的快感。

京东的智能零售体验不仅提升了消费者的购物满意度,也对整个零售业产生了深远的影响。越来越多的零售品牌开始借鉴京东的智能化路径,加快数字化转型步伐,提升服务质量和消费体验。在数字化浪潮中,京东作为领军企业,持续创新,不断超越自我,引领着零售业的未来发展方向。

二、亚马逊的智能派送系统

亚马逊的智能派送系统通过整合先进技术和大数据分析,实现了高效、准确的派送服务。该系统利用人工智能算法对订单情况和顾客需求进行分析,实现了定制化的派送路线规划。同时,系统采用自动化仓储管理技术和无人机配送等创新技术,有效提高了派送效率和准时率。亚马逊的智能派送系统不仅实现了对订单的实时监控和调度,还能有效应对各种复杂的情况,提升了服务质量和客户满意度。通过该系统的运作,亚马逊进一步巩固了在电商行业的领先地位,为数字经济时代的产业发展和创新树立了典范。

三、苏宁易购的智能家居解决方案

苏宁易购的智能家居解决方案在数字经济背景下的产业创新中起到了重要作用,为消费者提供了更加智能、便捷、高效的家居生活体验。该解决方案的推出,不仅满足了消费者对智能家居产品的需求,同时也推动了智能家居产业的发展,为整个零售行业带来了新的商机和发展空间。通过结合数字技术和智能家居产品,苏宁易购成功打造了一体化的智能家居解决方案,实现了物联网、大数据、人工智能等新一代信息技术的深度融合。消费者可以通过手机 AP 实现对家居设备的远程控制,实现智能化生活管理和场景联动，为消费者创造了更加智能、便捷、舒适的生活体验。在数字经济管理下，苏宁易购的智能家居解决方案不仅带来了创新的商业模式，还促进了传统零售业的转型升级，推动了行业的整体进步。未来，随着数字经济的不断发展，智能家居解决方案将继续扮演着重要的角色，在产业创新和数字化转型中发挥着越来越重要的作用。

苏宁易购的智能家居解决方案的成功，引领了智能家居产业的飞速发展和零售业的转型升级。随着人们对智能化生活的需求日益增长，智能家居产品的市场潜力被不断挖掘和释放，为整个消费市场带来了新的活力和机遇。通过数字技术和智能家居产品的深度融合，消费者的生活方式得到了极大的提升，智能化、便捷化、舒适化已经成为当下家居生活的主流趋势。

随着物联网、大数据、人工智能等新一代信息技术的不断发展和应用，智能家居产品的功能和性能不断提升，为消费者提供了更加智能化的家居生活体验。通过手机 AP 实现对家居设备的远程控制，消费者可以随时随地监控和管理家里的各种设备，实现了真正意义上的智能化生活管理和场景联动。

苏宁易购通过不断创新和优化智能家居解决方案，不仅为消费者带来了便捷和舒适，也为行业带来了新的商业模式和发展机遇。传统零售业在数字经济的浪潮下，正迎来一次新的转型和升级的机遇。智能家居解决方案的成功实践，为整个零售业带来了新的思路和机遇，推动了整个行业的进步和发展。

随着数字经济的继续发展和智能化技术的不断突破，智能家居解决方案将继续扮演着重要的角色，为产业创新和数字化转型注入新的活力和动力。未来，智能家居产品将不断升级和普及，开启更加智能、便捷、舒适的家居生活新时代。通过不懈努力和不断创新，智能家居解决方案将继续引领行业的发展方向，为消费者创造更加美好的智能生活体验。

四、天猫的数字化营销模式

天猫的数字化营销模式是在数字经济背景下的一种创新形式，通过运用先进的科技手段和数据分析技术，实现了对消费者需求的精准把控和个性化营销策略的制定。天猫作为中国最大的电商平台之一，利用大数据分析和人工智能技术，能够深入了解消费者的购买行为和偏好，为商家提供精准的推荐和定制化的服务。通过数字化营销模式，天猫有效地提升了消费者的购物体验，增加了用户粘性，促进了销售额的增长。在数字经济时代，天猫的数字化营销模式充分体现了产业发展与创新的趋势，为整个零售业带来了巨大的推动力。

在数字经济时代，天猫的数字化营销模式引领着整个电商行业的发展趋势。通过科技创新和数据驱动，天猫不断优化用户体验，提升服务品质，实现了商家和消费者的双赢局面。在天猫平台上，消费者可以享受到个性化的推荐服务，根据其购物习惯和偏好进行精准定制。而商家则能够通过数据分析和智能技术，更好地了解市场需求，调整营销策略，实现销售额的增长和品牌价值的提升。

天猫的数字化营销模式不仅是一种技术手段，更是一种商业智慧和价值观的体现。在数字经济背景下，天猫充分利用大数据和人工智能技术，不断探索创新，推动行业的发展。通过数字化营销模式，天猫建立起了一个高效的供应链体系，实现了商品的快速销售和配送，提升了用户体验，树立了良好的品牌形象。

除此之外，天猫的数字化营销模式也在推动整个零售业的转型升级。随着消费者需求的不断变化和技术的不断进步，传统的营销模式已无法满足市场的需求。而天猫的数字化营销模式，则为行业提供了一个全新的思路和解决方案，促进了产业结构的调整和优化，推动了零售业的数字化转型。

总的来说，天猫的数字化营销模式是在数字经济背景下的一种创新形式，不仅为消费者提供了更好的购物体验，同时也为商家带来了更大的商业价值。随着技术的不断进步和市场环境的变化，天猫将继续探索创新，引领行业发展的潮流，助力零售业的健康发展。

五、唯品会的个性化推荐系统

唯品会的个性化推荐系统通过分析用户的购物记录和偏好，为用户提供个性化的商品推荐，从而增加用户体验和购买转化率。该系统利用大数据和人工智能技术，实现了精准的用户画像和商品匹配，为用户提供更好的购物体验。用户在唯品会平台上浏览产品时，系统会根据用户的点击、浏览和购买行为，实时调整推荐算法，为用户推荐更符合其兴趣和需求的商品。这种个性化推荐系统不仅提高了唯品会的销售额，也提升了用户满意度和忠诚度，为数字经济管理下的零售业发展带来了新的机遇和挑战。

第五节 教育科技创新案例

一、新东方的在线教育模式

新东方的在线教育模式：新东方作为国内知名教育机构，积极探索数字经济背景下的产业创新，推出了在线教育模式。通过结合互联网技术和教学资源，新东方在线教育模式为学生提供了更加灵活、个性化的学习方式。学生可以根据自己的学习进度和需求，在任何时间、任何地点通过网络进行学习，充分利用了信息化的便利性。同时，新东方在线教育模式还为学生提供了多种学习资源，包括在线课程、教学视频、作业辅导等，为学生提供了全方位的学习支持。通过不断改进和优化教学内容和服务质量，新东方在线教育模式为学生提供了更加高效、便捷的学习体验，为教育科技创新做出了积极的贡献。

新东方的在线教育模式为学生带来了诸多好处。学生可以根据自己的学习进度和需求进行学习，避免了传统教育模式中固定的学习时间和地点的限制。这种灵活性使学生能够更好地安排自己的学习计划，提高学习效率。新东方在线教育模式提供了丰富的学习资源，包括在线课程、教学视频、作业辅导等，帮助学生更全面地掌握知识点。学生可以根据自己的需求选择适合自己的学习资料，提升学习成果。新东方还不断改进和优化教学内容和服务质量，确保学生能够获得高质量的教育资源和服务。通过结合互联网技术和教学资源，新东方在线教育模式为学生提供了更加高效、便捷的学习体验，为教育科技创新做出了积极的贡献。通过新东方的在线教育模式，学生不仅可以获得更好的学习体验，还能够更好地适应数字经济时代的需求，提升自己的综合素质和竞争力。新东方的在线教育模式开辟了一条全新的学习路径，为广大学生提供了更多的学习选择和发展机会，值得广泛推广和应用。

二、好未来的 AI 辅助学习平台

好未来是一家致力于教育科技创新的企业，他们推出了一款领先的 AI 辅助学习平台，为学生提供了全新的学习体验。这个平台利用先进的人工智能技术，个性化智能推荐学习内容，帮助学生高效学习。通过不断优化算法，平台能够更好地理解学生的学习需求，为他们量身定制学习计划。学生可以在这个平台上找到各种各样的学习资源，包括视频课程、教材、习题等，帮助他们更好地掌握知识。同时，平台还提供了实时的学习分析和反馈，帮助学生了解自己的学习情况，及时调整学习策略。通过这个 AI 辅助学习平台，学生可以更轻松地学习，提高学习效率，实现个人发展目标。好未来的这一创新案例在教育科技领域引起了广泛关注，为产业发展和创新提供了有益的借鉴。

好未来的 AI 辅助学习平台是当今教育领域的一大创新，它为学生提供了前所未有的学习机会和方式。这个平台的智能推荐功能帮助学生更轻松地找到适合自己的学习资源，从而提高学习效率。学生可以通过平台上丰富的视频课程、教材和习题，真正深入学习所需的知识和技能。更重要的是，平台提供的实时学习分析和反馈帮助学生及时调整学习方法，更好地应对学习中遇到的困难和挑战。

好未来的 AI 辅助学习平台不仅是学生自身学习的利器，也为教育行业带来了新的发展机遇。通过不断优化算法，平台可以更准确地了解学生的学习需求，帮助他们个性化定制学习计划。这种个性化学习模式不仅可以提高学生的学习兴趣和积极性，还能够帮助教育机构更好地指导和管理学生的学习进度和成果。

与传统的教学模式相比，好未来的 AI 辅助学习平台更加注重学生的学习体验和效果。通过结合人工智能技术和教育教学的理论，这个平台为学生提供了一个更加智能、便捷和个性化的学习环境。学生在这个平台上不仅可以充分利用各种学习资源，还可以通过与机器智能的互动，提高自己的学习效率和水平。

总的来说，好未来的 AI 辅助学习平台的推出，为教育科技领域带来了一场革命。它不仅改变了学生的学习方式和效果，也为教育行业的发展和创新提供了有益的借鉴。相信随着技术的不断进步和应用，这个平台将在未来继续发挥重要作用，助力更多学生实现个人发展目标。

三、Talk 的远程教育方案

351Talk 的远程教育方案是一项基于数字经济管理的创新教育技术方案，旨在为学生提供高质量、个性化的在线英语教育服务。其主要特点包括灵活的学习时间安排、个性化的学习内容选择、专业的外教团队、以及实时的在线互动教学模式。

351Talk 的远程教育方案通过在线平台实现了学生学习时间的灵活安排。学生可以根据自己的时间表和学习需求，在任何时间、任何地点进行学习，不再受到传统教育培训机构固定课程时间的限制。这种灵活性不仅节省了学生的时间成本，也提高了学习的效率和效果。

该方案还提供了个性化的学习内容选择。学生可以根据自己的英语水平和学习目标，选择适合自己的学习课程和教材。这种个性化的学习方式能够更好地满足学生的需求，提高学习的积极性和主动性。

351Talk 的远程教育方案拥有一支专业的外教团队。这些外教不仅拥有丰富的教学经验和专业知识，还能够帮助学生提升英语口语和听力能力。他们与学生进行面对面的在线互动教学，能够及时纠正学生的发音错误、帮助学生解决学习难题，提供个性化的学习建议。

351Talk 的远程教育方案还采用了实时的在线互动教学模式。通过视频会议、聊天工具等技术手段，学生可以与外教进行实时互动，进行口语练习、听力训练、词汇记忆等活动。这种互动式教学模式不仅增强了学生的学习参与感和学习体验，还促进了学生的思维能力和语言表达能力的提升。

总的来说，351Talk 的远程教育方案在数字经济管理的背景下，通过灵活的学习时间安排、个性化的学习内容选择、专业的外教团队以及实时的在线互动教学模式，为学生提供了一个高效、便捷、个性化的在线英语学习平台。这种基于数字经济管理的远程教育方案，能够促进产业发展与创新，推动教育科技领域的发展，提高教育教学质量，培养更多具有国际视野和语言能力的人才。

第五章 结论与未来展望：数字经济时代的产业转型

第一节 产业数字化转型的现状分析

一、数字经济对传统产业的影响

（一）数字技术在产业中的应用现状

数字技术在传统产业中的应用已经成为推动产业创新和发展的重要驱动力。以制造业为例，新一代数字技术如物联网、大数据分析、人工智能等已经被广泛应用于生产流程与管理中。通过数字化生产线的应用，制造企业可以实现生产自动化、智能化，提高生产效率和产品质量，满足消费者个性化需求，进而提升市场竞争力。

数字技术的应用也使得传统产业实现了从传统服务到数字服务的转变。以传统零售行业为例，随着电子商务、移动支付等数字技术的普及应用，传统实体零售商店逐渐整合线上线下资源，实现通过数字化手段拓展销售渠道，提升用户体验，实现数字化营销等。这种数字化服务的转变不仅提高了企业的运营效率，还为消费者带来了更加便利、快捷的购物体验。

除了对传统产业的生产和服务带来影响外，数字经济还促使传统产业出现了新的商业模式和创新。以共享经济为例，通过数字技术的支持，共享单车、共享充电宝等新兴产业逐渐崛起，改变了人们的生活方式和消费观念。数字技术为传统产业注入了新的活力，推动了产业结构的优化升级。

然而，数字经济对传统产业的改变并非一帆风顺。数字化转型所需投入的成本巨大，技术应用的不确定性、安全风险等问题也制约了传统产业数字化转型的进程。同时，由于消费者需求和市场环境的不断变化，传统企业在数字化转型中也面临着技术更新换代速度快、竞争激烈等挑战。

数字技术在传统产业中的应用已经成为不可逆转的趋势。数字经济时代，传统产业需要充分利用数字技术的优势，加速推动产业转型，实现与时代同步发展。数字化转型不仅是传统产业的发展方向，也是应对市场竞争、提升企业竞争力的必然选择。未来，随着数字技术不断演进和应用，传统产业将迎来更多创新机遇，进一步推动产业升级和转型，实现经济可持续发展和生态平衡。

数字技术在产业中的应用现状是当前经济发展的必然趋势。随着科技的不断进步和数字化工具的不断普及，传统产业正面临着前所未有的机遇和挑战。在数字经济时代，企业需要积极拥抱数字化转型，不断探索新的商业模式和运营方式，以满足消费者不断变化的需求。

数字技术的应用不仅改变了产业结构和生产方式，也促进了企业间的合作与创新。通过数字化转型，企业能够实现精细化管理、智能化生产，提高生产效率和产品质量。同时，数字技术还能够帮助企业实现市场精准营销、个性化定制，更好地满足消费者需求，提升市场竞争力。

随着数字技术的不断演进和应用，传统产业将迎来更多的发展机遇。从智慧工厂到智能物流，从人工智能到大数据分析，数字化转型将为传统产业带来全新的增长动力。在数字经济时代，企业需要不断创新、勇于变革，才能在激烈的市场竞争中立于不败之地。

数字技术的应用也将推动产业结构的升级和优化。传统产业在数字化转型过程中，需要加强人才培养、技术研发等方面的投入，培育具备数字化思维和创新能力的人才队伍，提升企业的核心竞争力。只有不断提升产业链的数字化水平，才能更好地适应市场的需求变化，实现产业的可持续发展。

总的来说，数字技术在产业中的应用已经带来了深远的影响，对传统产业的发展和转型起到了至关重要的作用。在数字经济时代，企业需要不断创新、学习和适应，才能立于潮流之巅，实现经济的可持续发展和生态的平衡。愿未来，数字技术能够为传统产业开辟更广阔的发展空间，助力企业实现更大的成功与突破。

（二）传统产业面临的挑战与机遇

传统产业在数字经济时代面临着前所未有的挑战和机遇。一方面，数字经济的快速发展已经深刻地改变了传统产业的生产方式、商业模式和竞争格局,传统产业必须适应数字化趋势,提升自身的数字化转型能力;另一方面,数字经济也为传统产业带来了新的机遇,通过运用大数据、人工智能、云计算等技术手段,传统产业可以实现全面的升级和转型,拓展新的业务领域,实现更大的发展空间。

数字经济对传统产业的影响主要体现在以下几个方面。一是数字化技术的广泛应用使传统产业的生产过程更加高效、灵活和智能化,能够实现资源的更有效利用和产品的更精准定制;二是数字经济的发展推动了产业的升级和转型,让传统产业在面对市场竞争时更具竞争力;三是数字化技术的应用加速了产业间的融合和互联,形成了新的产业生态系统,促进了创新能力的提升和产业链的优化。

然而,传统产业在数字经济时代也面临着诸多挑战。一是数字化转型的难点不容忽视,包括技术更新、人才培养、管理体系改革等方面,需要投入大量的时间、精力和资金来实现;二是数字化技术的应用给传统产业带来了数据安全、隐私保护等新问题,如何解决这些问题也是一大挑战;三是数字经济的发展速度过快,传统产业需要不断跟上时代的步伐,不然就会面临被淘汰的风险。

然而,困难之中也蕴藏着机遇。数字经济时代给传统产业带来的机遇主要体现在以下几个方面。数字化转型可以让传统产业实现成本节约、效率提升、市场拓展等多方面的好处,实现可持续性的发展;数字经济为传统产业提供了更广阔的市场空间和更多的创新机会,可以通过技术手段实现跨界合作、优化产业链、推动产业升级;数字经济的发展也为传统产业提供了更多的发展路径和发展思路,可以借鉴数字经济的成功经验,实现产业的全面转型和升级。

数字经济时代为传统产业的转型注入了新的活力和动力,传统产业只有跟上数字化转型的步伐,才能在激烈的市场竞争中立于不败之地。传统产业需要在转型过程中审时度势,把握好机遇,应对挑战,不断提高自身的竞争力和创新能力,才能实现产业的可持续发展,赢得更广阔的市场和未来。数字经济时代,传统产业的转型之路充满着挑战,但也蕴藏着无限的可能性,只有敢于创新、善于变革,才能在数字经济的浪潮中实现更好的发展和创新。

在数字经济时代,传统产业面临着前所未有的挑战和机遇。随着科技的不断进步,传统产业需要不断改变思维,拥抱创新,才能在激烈的市场竞争中立于不败之地。一方面,传统产业可以通过技术手段实现跨界合作,借鉴其他行业成功经验,拓展发展思路,从而优化产业链、提升效率。另一方面,数字经济的快速发展为传统产业带来了更多的发展路径和机会,在数字化转型的过程中,传统产业不仅可以提高自身的竞争力和创新能力,还可以实现全面转型和升级。

在转型的过程中,传统产业需要审时度势,把握机遇,迎接挑战。只有敢于创新、敢于变革,传统产业才能在数字经济时代的浪潮中实现更好的发展和创新。传统产业应当加大科技投入,不断提升自身的数字化水平,加快产品研发和生产周期,提高产业链的整体协同效率。同时,传统产业还需积极拓展市场,开拓新的业务领域,不断寻找具有市场潜力的新业务模式,实现产业的多元化发展。

在数字经济时代,传统产业的转型之路充满着挑战,但也蕴藏着无限的可能性。只有敢于变革,不断追求创新,传统产业才能在未来的市场竞争中立于不败之地。数字经济时代为传统产业的发展提供了前所未有的机遇,只有紧跟时代的步伐,积极拥抱变化,传统产业才能在数字经济时代实现可持续发展,赢得更广阔的市场和未来。

(三) 产业数字化转型的主要趋势

随着数字经济的快速发展和普及,产业数字化转型已成为企业发展的必然选择。数字化技术的广泛应用,正在重塑着传统产业的商业模式和运营方式,推动着产业的升级和创新。在产业数字化转型的大背景下,一些主要趋势逐渐浮现。

数据驱动成为产业发展的核心。在数字经济管理下,数据成为了企业决策和运营的重要支撑。通过大数据分析和人工智能技术的运用,企业可以更加精准地了解市场需求、预测销售趋势、优化生产流程,从而在激烈的市场竞争中脱颖而出。

跨界融合加速产业创新。数字经济的发展不仅改变了传统产业的商业

第五章 结论与未来展望：数字经济时代的产业转型

模式，还推动了不同行业的融合创新。例如，互联网技术与制造业的结合，催生了智能制造；互联网和金融的融合，则促成了金融科技（FinTech）的迅速发展。跨界融合为产业带来更多的可能性和机遇，推动了新兴产业的崛起。

再者，数字化转型重塑了产业链和价值链。传统产业的生产、流通、销售环节都受到了数字化技术的影响，传统的线性价值链逐渐演变成了生态化的数字化价值链。产业链上的每一个环节都能够通过数字技术实现信息共享和协同效应，实现价值链的最大化。

数字经济还推动产业向智能化发展。智能制造、智慧物流、智能金融等概念逐渐走进人们的视野，各行各业都在探索如何通过数字化技术提升生产效率、降低成本、提高服务质量。智能化的产业发展将成为未来的主流趋势，对企业管理和运营提出了更高要求。

产业数字化转型的主要趋势不仅体现在信息共享和协同效应的实现，还表现在智能化发展的推动。随着智能技术的不断成熟和应用，智能制造、智慧物流、智能金融等概念逐渐深入人心。各行各业纷探索如何通过数字化技术提升生产效率、降低成本、提高服务质量，进而实现产业价值的最大化。

数字化转型已经成为全球经济发展的大势所趋，企业在应对这一趋势的过程中也面临着巨大的挑战和机遇。在这个数字化浪潮中，企业需要紧跟技术创新和市场需求的步伐，以确保自身的竞争力和发展空间。数字化转型不仅是一场技术升级，更是一场全新的产业革命，对企业的管理和运营提出了更高的要求。

在这个数字化转型的时代，企业需要持续不断地进行探索和实践，不断优化和创新自身的业务模式和管理方式。只有不断适应产业数字化转型的发展趋势，才能在激烈的市场竞争中立于不败之地。随着数字经济的快速崛起，企业需不断迭代升级自身的技术和服务，以满足不断变化的市场需求，进而实现产业的可持续发展。

总的来说，产业数字化转型是一个全新的挑战和机遇并存的时代，企业需要敢于创新、敢于突破传统观念的束缚，勇于应对各种挑战，才能在未来的数字经济浪潮中赢得更多的市场份额和声誉。随着数字化技术的不断进步和应用,我们相信产业数字化转型将为企业带来更为广阔的发展空间和更为辉煌的未来。

(四)数字化转型的核心问题与瓶颈

在数字经济时代,产业数字化转型已经成为企业发展的必然选择。然而,数字化转型并非一帆风顺,其中存在着许多核心问题和瓶颈需要克服。产业数字化转型需要大量的资金投入,包括技术研发、人才培养、系统构建等方面。这对于一些中小企业来说可能是一个很大的挑战,尤其是在经济不景气的情况下。数字化转型需要企业加快技术升级和创新步伐,而这也需要公司领导层对技术趋势和市场需求的准确预判能力,以及对技术人才的合理配置和培养。

产业数字化转型还需要企业不断优化组织结构和流程,加强内部协作和沟通,以适应数字经济时代的快速变化和竞争。这对于一些传统企业来说是一个相当大的挑战,因为他们可能需要重新审视自己的企业文化和管理模式,以适应数字化转型带来的变革。在数字经济时代,企业面临着越来越复杂的网络安全威胁,如数据泄露、网络攻击等,这也是产业数字化转型中一个不容忽视的难题。

随着数字经济的快速发展,产业数字化转型将成为未来企业发展的主要趋势。然而,数字化转型中所面临的困难和挑战也不容忽视。尽管可能带来一些困扰和阻力,但这些挑战也是数字经济时代赋予企业的机遇和激励。只有在不断挑战和突破自我设限的过程中,企业才能在数字经济时代中立于不败之地,实现可持续发展和创新突破。

在数字经济时代,产业数字化转型将成为企业不可逃避的命题,只有不断迭代优化,适应数字经济时代的需求和挑战,才能让企业在激烈的竞争中立于不败之地,实现长期稳定和可持续发展。数字化转型或许充满了未知的挑战和风险,但也给企业带来了前所未有的机遇和发展空间。面对数字经济时代的机遇和挑战,唯有秉持开放、包容和创新的态度,不断超越自我,才能在新的经济形势下实现企业的跨越式发展。

数字化转型不仅是一种趋势,更是一项不可避免的挑战。企业在迎接数字经济时代的机遇与挑战时,需要持续关注核心问题与瓶颈,不断突破自身局限，以适应快速变化的市场环境。数字化转型的过程中，企业需要不断迭代和优化现有的业务模式，加强技术创新和人才培养，以提升自身的竞争力和抗风险能力。

随着数字经济时代的来临，企业必须秉持开放、包容和创新的态度，勇于拥抱变革，迎接未知挑战。只有不断追求突破和创新，才能使企业在激烈竞争中脱颖而出，实现持续发展和创新突破。数字化转型可能会带来困扰和阻力，但正是这些挑战激励企业不断进取，开发出更具竞争力的产品和服务，驱动企业跨越式发展。

在数字经济时代，产业数字化转型已经成为行业发展的必由之路。企业需要审时度势，抓住时机，积极应对数字化转型中可能出现的困难与问题，不断完善自身体系，提升核心竞争力。只有坚持不懈地追求创新与突破，才能使企业在数字经济时代中立于不败之地，实现可持续发展和长期稳定。愿企业在数字化转型的征程中，勇往直前，迎接挑战，赢得成功。

(五) 产业发展中的关键因素

在数字经济时代，产业数字化转型已成为企业发展的必然选择。数字经济对传统产业的影响，使传统企业不得不对自身进行升级改造，以适应市场竞争的新需求。产业数字化转型的现状分析显示，企业在数字经济浪潮中所面临的挑战和机遇并存，需要抓住关键因素来实现产业的持续发展。

技术创新被视为产业数字化转型的重要驱动力。新一代信息技术的广泛应用，如人工智能、大数据、区块链等，正在改变传统产业的生产模式和经营方式，提升产业的效率和竞争力。人才培养和创新能力被视为企业成功实现数字化转型的关键因素。拥有专业的数字化人才和创新团队，能够帮助企业顺利应对数字经济的挑战，实现产业的转型升级。

政策支持和环境营造也对产业数字化转型发挥着重要作用。政府在数字经济领域的政策引导和扶持措施，能够为企业提供更多的发展机遇和支持，促进产业的数字化转型顺利进行。同时，优质的产业生态环境也能够吸引更多的企业和资金投入到数字经济领域，推动产业的快速发展。

总的来说，产业数字化转型的成功实现离不开技术创新、人才培养、政策支持和环境营造等关键因素的相互作用。企业需要密切关注数字经济的发展趋势，不断提升自身的数字化能力，积极应对产业发展中的挑战和机遇，推动产业朝着更加数字化、智能化的方向发展，实现经济的高质量增长和可持续发展。

二、数字经济下产业升级的路径探讨

（一）制造业的数字化转型

当前数字经济时代的快速发展，对传统产业的影响日益显现。产业数字化转型已成为企业发展的必然选择。在这一背景下，制造业作为经济的支柱产业之一，也面临着数字化转型的挑战和机遇。制造业的数字化转型不仅是简单地应用数字技术，更是要通过全面升级和创新来提高整体竞争力和效率。

数字化转型在制造业中的实质意义在于通过信息化、智能化等手段，实现生产、管理、服务等环节的全面升级。正是通过数字技术的应用，制造业可以实现生产过程的智能化和自动化，从而缩短生产周期，降低成本，提高效率。制造业的数字化转型，不仅提高了企业生产效率，更为企业带来了新的盈利模式和商业机会。

面对数字经济的时代变革，制造业的数字化转型并非一蹴而就，而是一个渐进、长期的过程。制造业需要加强对数字技术的学习与应用，提升员工的数字化技能和意识。制造业需要加强产业链的数字化整合，促进产业协同发展。制造业需要不断进行技术创新和管理创新，保持行业竞争力。

数字经济下的制造业数字化转型，将重塑传统产业的竞争格局，推动产业结构的优化和升级。通过有效整合数字技术和传统制造业，实现生产方式、管理模式的变革，将使制造业更具竞争力和可持续性。在数字经济的浪潮中，制造业必将迎来新的发展机遇和挑战。

数字化转型对制造业的影响不仅限于提高生产效率，还涉及到企业的盈利模式和商业机会。在数字经济时代，制造业需要不断学习和应用数字技术，以便提升员工的技能和意识。产业链的数字化整合也是至关重要的，因为这可以促进产业之间的协同发展，从而推动整个产业结构的优化和升级。技术创新和管理创新也是制造业数字化转型的重要组成部分，只有不断进行创新，才能保持行业的竞争力。

随着数字经济的蓬勃发展，制造业数字化转型必将重塑传统产业的竞争格局。通过整合数字技术和传统制造业，制造业可以实现生产方式和管理模式的彻底变革，从而使自身更具竞争力和可持续性。数字经济的潮流中，制造业将迎来无限的发展机遇和挑战，只有不断适应变化、勇于创新，制造业才能在激烈的市场竞争中立于不败之地。

制造业的数字化转型，不仅是一项技术革新，更是一场思维方式和经营模式的变革。随着数字经济的推动，制造业将逐渐实现从传统到现代的转变，迎接着全新的发展时代。只有紧跟时代步伐，善于变革和创新，制造业才能在数字化转型的道路上越走越远，开创属于自己的辉煌未来。

(二) 服务业的数字化转型

在数字经济时代，产业数字化转型已经成为各行各业不可避免的趋势。随着数字技术的不断发展和应用，传统产业面临着全新的机遇与挑战。数字经济下产业升级的路径也因此变得更加清晰，企业需要不断调整和优化自身业务模式，以适应新的市场环境。

服务业作为一个重要的产业领域，在数字化转型中扮演着至关重要的角色。数字化转型不仅意味着将传统服务业转变为在线服务，更重要的是通过数字技术的应用，实现服务的个性化、定制化，提升服务品质，增强服务业竞争力。同时，数字化转型还可以带来更高效的服务流程、更快捷的服务响应速度，提升服务行业的整体效率。

在数字经济的浪潮下，服务业的数字化转型已经成为各企业不可或缺的发展方向。只有不断推动数字化转型，服务业才能更好地适应市场需求，实现产业升级。企业需要积极借助数字技术，优化服务流程，提高服务质量，拓展服务范围，推动服务业向着更加智能化、人性化、高效的方向发展。

服务业的数字化转型将对产业发展产生深远影响。随着数字经济的进一步发展，服务业的数字化转型将继续深化，促进产业结构调整，推动产业发展与创新。只有不断把握数字化转型的机遇，引领服务业发展的潮流，企业才能在竞争激烈的市场中立于不败之地，实现可持续发展。愿意进一步探讨数字经济管理下产业发展与创新的方式。

在数字经济的浪潮下,服务业的数字化转型已经成为各企业不可或缺的发展方向。通过数字化转型,服务业能够进一步提升效率和便捷性,满足客户不断增长和变化的需求。数字技术的应用使得服务行业能够实现精细化管理、个性化服务,进而提升竞争力和市场占有率。

数字化转型也有利于服务业优化资源配置,减少无效成本,提高盈利能力。同时,数字化转型还能够促进服务行业与其他产业的融合,形成更加完善的产业生态系统,推动经济发展质量提升。

在数字经济的背景下,服务业数字化转型也将深刻改变职场格局。传统的服务行业将面临转型升级的压力,需要不断学习和适应新技术,提升数字化素养,以应对产业发展带来的挑战和机遇。同时,服务业数字化转型也将催生新的就业机会,为从业人员提供更广阔的职业发展空间。

总的来说,服务业的数字化转型是客观需要,是时代发展的必然趋势。各企业应当积极主动地推动数字化转型进程,不断提升服务行业的整体效率和竞争力,以实现可持续发展和持续创新。希望未来服务业能够在数字经济的浪潮中蓬勃发展,为经济社会发展贡献更大的力量。

(三)传统行业数字化升级的策略

在数字经济时代,传统行业面临着数字化转型的压力和挑战。传统行业数字化升级的策略变得尤为重要。在当前数字经济浪潮的推动下,传统行业必须积极应对,寻找适合自身发展的数字化转型路径。要实现传统行业的数字化升级,需要制定清晰的发展战略,深化数字化技术应用,加强组织管理与人才培养,提升企业的数字化水平和竞争力。只有这样,传统行业才能在数字经济的浪潮中保持竞争优势,实现产业转型升级,实现可持续发展。

在数字经济时代,传统行业正面对着前所未有的挑战和机遇。数字化转型已成为传统行业发展的必然选择,需要精心制定策略和规划,全面推进数字化升级。在这个过程中,传统行业应该注重技术创新和应用,积极探索数字化转型的新路径和新模式。同时,加强组织管理、培养高素质人才,提升企业的数字化水平和竞争力。只有这样,传统行业才能在激烈的市场竞争中脱颖而出,实现可持续的发展。数字化转型不是一蹴而就的过程,需要传统行业不断开拓创新，不断优化战略，不断提升综合实力。只有紧跟数字经济的潮流，及时顺应市场需求，才能实现传统行业的数字化升级，实现转型升级，推动产业向更高质量、更高效益的方向发展。传统行业要牢固树立数字化转型的意识，积极应对各种挑战和风险，坚定不移地走数字化升级之路，实现企业的可持续发展和长远发展目标。在数字经济的大潮中，传统行业拥抱数字化转型，才能在未来中立于不败之地，赢得市场和客户的青睐。

三、产业发展中创新模式的探索

(一) 数字经济对创新模式的影响

数字经济作为一种全新的经济模式，正逐渐改变着传统产业的发展方式。数字经济为产业发展提供了更多的机遇和挑战，不仅改变了传统产业的生产方式和商业模式，也催生了新兴产业和新的经济增长点。数字经济的快速发展，对创新模式产生了深远的影响，促使传统产业更加重视创新，加速产业数字化转型的步伐。

产业数字化转型已成为当前热门话题，各行各业都在不断探索数字化转型的路径和模式。在这个过程中，创新模式显得尤为关键。传统的创新模式已经不能满足数字经济时代的发展需求，必须不断探索新的创新路径和模式。数字经济对创新模式的影响主要体现在对信息技术的广泛应用、对数据的挖掘和分析、对跨界融合和协同创新的需求等方面，这些都为产业发展中的创新提供了新的思路和方向。

数字经济时代的产业转型是一个全新的挑战，也是一个全新的机遇。在这个过程中，产业数字化转型的现状分析尤为重要。只有深入了解当前数字经济时代的发展趋势和产业转型的现状，才能更好地把握产业发展中的机遇和挑战，更好地推动创新模式的探索和实践。数字经济对创新模式的影响是一个长期的过程，需要不断进行深入研究和探索，不断开拓创新的路径和模式，才能实现产业的可持续发展和跨越式的发展。

数字经济时代的产业转型，意味着企业需要适应新的市场环境和消费者需求，探索更具创新性的商业模式。在这个过程中，创新的重要性不言而喻。通过信息技术的广泛应用和数据的挖掘，企业可以更好地洞察市场趋势，制定更为精准的营销策略。跨界融合和协同创新的需求,则促使企业之间深化合作,实现资源共享和优势互补,从而推动更多创新项目的孵化和实施。

数字经济时代的创新路径和模式多种多样,企业需要根据自身实际情况进行选择和定制。一方面,可以通过开展研发合作,跨越产业壁垒,加速技术创新和产品迭代;另一方面,也可以通过整合资源,构建生态圈,实现全产业链的协同创新,进一步提升企业核心竞争力。在这个过程中,企业需要不断与时俱进,勇于尝试新的商业模式,敢于突破传统的思维定势,从而探索出符合数字经济时代发展规律的创新之路。

同时,产业数字化转型也会带来生产关系的变革,从而推动劳动力市场的升级和产业结构的优化。通过引入智能制造和大数据分析,企业可以提高生产效率,优化资源配置,从而实现更高质量的产出。在数字经济时代,创新模式将成为企业赢得市场竞争的关键,也是企业实现可持续发展的基石。只有不断探索创新之路,适应数字经济时代的发展要求,企业才能在激烈的市场竞争中立于不败之地,实现跨越式发展,赢得未来的成功。

(二)开放创新模式在产业中的应用

在数字经济时代,产业数字化转型已经成为全球产业发展的重要趋势。随着信息技术的快速发展和普及,传统产业正面临着巨大的挑战和机遇。在这种背景下,产业数字化转型已经成为企业实现持续发展和创新的关键。在产业数字化转型的进程中,创新模式的探索显得尤为重要。传统的创新模式已经无法适应数字经济时代的发展需求,必须不断探索新的创新模式,以适应产业数字化转型的发展要求。开放创新模式在产业中的应用,将会为企业带来更多的机遇和挑战。通过开放创新模式,企业不仅能够更好地利用外部资源和技术,实现创新能力的提升,还能够更好地满足市场需求,打造自身的竞争优势。因此,开放创新模式已经成为数字经济时代产业发展的重要手段之一。随着数字经济的不断发展和完善,我们有理由相信,在开放创新模式的引领下,产业数字化转型将会迎来更加美好的未来。

(三)产业发展中的创新机制

在数字经济时代,产业转型已经成为推动经济发展的关键因素之一。

第五章 结论与未来展望：数字经济时代的产业转型

产业数字化转型已经成为当前产业发展的重要趋势，其影响和意义不容忽视。数字经济的不断发展，为传统产业提供了新的发展机遇和挑战，也推动了产业发展中创新模式的不断探索和深化。在数字化转型的背景下，产业发展中的创新机制逐渐得到彰显，对于促进产业的升级和转型具有重要意义。

产业数字化转型的现状分析显示，随着信息技术的不断推进和应用，传统产业正面临着从传统制造业向数字化智能制造业的转型升级。企业在面对这一趋势时，需要不断提升自身的数字化管理能力，推动产业结构的升级和优化，提高产业的整体竞争力。同时，数字经济时代也催生了新的产业形态和业务模式，为企业创新提供了更多的可能性与空间。

产业发展中创新模式的探索是当前产业转型过程中的重要环节。传统的创新模式已经不能满足数字经济时代的要求，企业需要突破传统的思维定势，不断探索创新的路径和方法，推动创新在产业发展中的深入应用。同时，产业发展中创新模式的探索也需要充分发挥政府、企业和社会各方的积极作用，形成创新共识和创新共建，实现产业创新的可持续发展。

产业发展中的创新机制是产业数字化转型中至关重要的环节。在数字经济时代，企业需要建立开放、共享、协同的创新机制，促进技术、人才、资金等资源的高效配置和流动，推动产业创新的持续发展。同时，创新机制的建设也需要企业不断优化组织架构和管理模式，推动创新资源的整合与共享，实现产业的快速发展和升级。

产业发展中的创新机制是数字经济时代产业转型升级的关键环节。只有通过不断探索创新路径和方法，建立开放、共享、协同的创新机制，企业才能在竞争激烈的市场环境中立于不败之地，实现可持续、健康的发展。数字经济时代为产业转型提供了新的机遇与挑战，企业应积极拥抱变革，不断推动产业发展中创新模式的探索和创新机制的建设，实现产业升级与转型的良性循环。

在数字经济时代，企业需要不断思考如何建立更加灵活、高效的创新机制，以适应市场发展的需求。围绕着产业发展的议题，企业需不断优化自身的组织结构和管理模式，培育创新文化，激发团队创造力和潜力。同时，企业还需要注重技术、人才、资金等资源的整合与共享，促进产业创新的持续发展。

在竞争激烈的市场环境中，企业需要敏锐捕捉市场动向，与时俱进，积极探寻创新的路径和方法。除了加强内部创新能力的培养，企业还需要与外部合作伙伴进行密切合作，共同探索新的商业模式和智慧解决方案，实现资源的共享和优势互补。

数字经济时代为产业转型提供了前所未有的机遇与挑战，企业需要以开放的心态面对变革，不断推动创新机制的建设与优化。只有不断探索创新路径，建立开放、共享、协同的创新机制，企业才能在激烈的市场竞争中立于不败之地，实现持续、健康的发展。

因此，企业应该紧跟时代步伐，积极适应数字经济时代的变革，深化与合作伙伴的合作，加强创新能力的培养和整合，不断推动产业升级和转型，实现持续增长和可持续发展。只有如此，企业才能在数字经济时代中抢占先机，赢得市场的竞争优势。

(四)创新模式对产业发展的推动作用

数字经济时代的到来，使得产业数字化转型成为当前社会发展的必然趋势。通过对产业数字化转型的现状进行分析，我们可以看到，新一代技术的应用正在逐渐改变传统产业的生产方式和经营模式，促进了产业的升级和转型。在这一背景下，探索创新模式对产业发展的推动作用显得尤为重要。

产业发展中创新模式的探索是当前的热点问题，因为创新是推动产业发展的关键力量。随着科技进步和市场需求的不断变化，传统的生产方式和管理模式已经无法满足产业发展的需求。因此，探索新的创新模式成为推动产业转型升级的必由之路。新一代技术的广泛应用，如人工智能、大数据、云计算等，为产业创新提供了新的机遇和挑战，推动了产业数字化转型的深入发展。

创新模式对产业发展的推动作用主要体现在以下几个方面。创新模式可以提高产业生产效率，降低生产成本，优化资源配置，实现产业的可持续发展。创新模式可以促进产业结构的优化和产业链的升级，推动产业向高端化、智能化发展。创新模式可以提升企业在市场竞争中的竞争力，加快企业的技术创新和市场开拓，推动产业的转型升级。创新模式还可以促进产业之间的合作与共赢，实现资源共享、优势互补，推动产业集群的形成和发展。

第五章 结论与未来展望：数字经济时代的产业转型

总的来说，数字经济时代下的产业数字化转型已经成为推动产业发展和创新的新动力。探索创新模式对产业发展的推动作用，有助于把握产业发展的新机遇，解决产业转型升级中的难题，推动中国经济向高质量发展。在未来的发展中，我们还需要不断深化改革，加强科技创新，优化产业结构，促进各产业的协同发展，实现产业数字化转型与创新的良性循环，推动中国产业迈向更加繁荣、可持续的发展之路。

创新模式的推动作用在产业发展中起着至关重要的作用。随着数字经济时代的到来，产业链的升级不仅能够推动产业向高端化、智能化发展，还能够提升企业在市场竞争中的竞争力，加快企业的技术创新和市场开拓，促进产业的转型升级。创新模式的运用不仅有利于实现资源共享、优势互补，还能够促进产业之间的合作与共赢，推动产业集群的形成和发展。

在未来的发展中，我们需要不断加强改革和创新，积极推动科技进步与产业升级的深度融合，优化产业结构，激发产业内生动力，实现产业数字化转型与创新的良性循环。同时，要加强各产业之间的协同发展，鼓励不同产业间的互联互通，促进产业间的相互学习和合作，进一步提升我国产业的整体竞争力。

只有通过不断探索和推动创新模式的运用，我们才能更好地把握产业发展的新机遇，解决产业转型升级中的难题，为推动中国经济迈向高质量发展之路奠定坚实基础。未来，我们将继续努力深化改革，加强科技创新，促进产业升级，为实现中国产业的繁荣和可持续发展注入新的动力与活力。随着时代的发展和变迁，创新模式将成为推动中国产业不断发展壮大的重要引擎，为推动中国经济实现更高水平的发展贡献力量。

四、数字经济下产业发展的新趋势

（一）数据驱动下的产业发展

在数字经济时代，产业数字化转型已经成为产业发展的必由之路。数字经济下产业发展的新趋势是以数据为核心，通过推动数字技术的应用来提高产业效率和创新能力。数据驱动下的产业发展意味着企业需要更加注重数据的收集、分析和利用，以实现更加智能化的生产和经营管理。这种转变对传统产业提出了全新的挑战和机遇,只有不断拥抱数字化转型,才能在激烈的市场竞争中立于不败之地。

在数字经济时代,产业数字化转型已经成为产业发展的必由之路。随着科技的飞速发展,数据驱动下的产业发展正在改变着传统产业的面貌。企业需要更加注重数据的收集、分析和利用,以实现生产和经营管理的智能化。通过数字技术的应用,产业能够提高效率,提升创新能力,并且更好地适应市场变化。

在这个新趋势下,企业面临着新的挑战,也迎来了新的机遇。透过数据的分析,企业可以更好地了解市场需求,优化产品设计和生产流程。通过数据驱动的决策,企业可以更加精准地预测市场趋势,降低决策风险,提高经营效益。数字化转型不仅提升了企业的竞争力,也为产业整体的发展注入了新的活力。

随着数据技术的不断进步,企业在数字化转型中还将面临更多的机遇和挑战。例如,人工智能、大数据分析、云计算等新技术的应用将进一步提升产业效率和创新能力。同时,数据安全和隐私保护等议题也将成为企业必须重视的问题。只有不断拥抱数字化转型,不断积累和应用数据,企业才能在激烈的市场竞争中立于不败之地。

总的来说,数据驱动下的产业发展是不可逆转的趋势。企业需要不断提升自身的数字化转型能力,不断探索数据的潜力,才能在数字经济时代中立于不败之地,实现产业的持续发展和壮大。

(二)人工智能与产业创新

人工智能作为数字经济时代的核心技术之一,对产业转型和创新具有重要意义。通过人工智能技术的运用,企业能够实现智能化生产和管理,提高生产效率和产品质量,促进产业升级和创新。随着数字经济的快速发展,人工智能技术在各个行业的应用越来越广泛,成为推动产业创新和发展的重要驱动力。

产业转型是数字经济时代必然的发展趋势,数字经济不仅改变了产业的生产和管理方式,也影响着消费者的需求和行为。随着数字化技术的普及和应用,产业数字化转型已经成为企业生存和发展的必然选择。在数字经济环境下，企业需要不断加强技术创新，提高自身竞争力，适应市场变化和消费者需求，实现可持续发展和创新驱动。

数字经济时代下产业发展的新趋势主要包括数字化、网络化和智能化。随着互联网、大数据和物联网等技术的不断发展和应用，产业生产和管理逐渐实现数字化和智能化，企业之间的协同合作和信息共享也日益密切。数字经济时代赋予了企业更多的发展机遇和挑战，需要企业不断创新和改进，提高数字化技术应用能力，实现产业发展的可持续和健康。

产业数字化转型是数字经济时代产业发展的必然选择。通过数字化技术的应用，产业可实现智能化生产、定制化服务和高效能管理，提高企业竞争力和市场占有率。人工智能技术的引入可以加速产业的创新和升级，推动企业实现数字化转型和智能化发展，为未来产业创新打下良好基础。在数字经济时代，企业需要积极适应产业数字化转型的趋势，不断提升数字化技术应用能力，推动企业实现可持续发展和创新驱动。

随着人工智能和物联网等技术的迅猛发展，数字经济时代的企业面临着前所未有的机遇和挑战。在这个数字化和智能化的时代背景下，企业的竞争环境日益激烈，需要不断创新和改进以提高自身的竞争力。产业数字化转型已成为企业发展的必然选择，只有通过数字化技术的应用，企业才能实现智能化生产、定制化服务和高效的管理，从而提升市场占有率和赢得更多的客户信任。

人工智能技术的引入不仅可以加速产业的创新和升级，还能推动企业实现数字化转型和智能化发展。随着科技的进步，人工智能已经成为推动企业增长的关键引擎，可以帮助企业更好地理解市场需求，提升生产效率，优化资源配置，并更好地满足客户的个性化需求。通过人工智能技术，企业可以实现更加精准的市场定位和更有效的营销策略，从而更好地适应市场变化，保持竞争优势。

在数字经济时代，企业需要不断适应产业数字化转型的潮流，不断提升数字化技术应用能力，促进企业可持续发展和创新驱动。通过引入人工智能技术，企业可以更好地应对未来的挑战，开拓新的市场空间，并实现更高水平的产业发展。只有不断学习和创新，才能在激烈的市场竞争中脱颖而出，实现长期的成功和可持续的发展。

（三）云计算、大数据在产业中的应用

在数字经济时代，产业数字化转型已经成为了产业发展的必然趋势。云计算和大数据作为数字经济的重要支撑技术，正逐渐渗透到各个产业中，为产业的发展提供了新的动力和机遇。云计算的出现，使得企业可以更加灵活地管理和利用数据资源，提高生产效率和降低成本。大数据则可以帮助企业更好地理解市场需求，优化产品设计和服务模式，实现精准营销和精细化管理。在数字经济的推动下，产业发展正朝着智能化、个性化、网络化的方向不断深化，各行各业都在积极探索如何通过云计算和大数据来实现转型升级。

云计算和大数据在产业中的应用，不仅改变了传统产业的商业模式和运营方式，也为新兴产业带来了更多的机遇和挑战。在制造业领域，通过云计算和大数据技术，企业可以实现生产过程的智能化管理和优化，提高生产效率和产品质量；在金融领域，大数据可以帮助银行和保险公司更好地识别风险和机遇，提高风险控制和服务质量。在零售业领域，云计算和大数据可以实现精准营销和个性化推荐，满足消费者日益增长的个性化需求；在医疗健康领域，大数据和云计算的应用可以实现医疗资源的优化配置和病例分析，提高医疗服务水平和患者体验。

总而言之，云计算和大数据作为数字经济时代产业转型的重要驱动力量，正在深刻改变着各行各业的发展模式和竞争格局。未来，随着技术的不断创新和应用场景的不断拓展，云计算和大数据在产业中的应用将会更加广泛和深入，为产业的数字化转型和可持续发展带来更多的机遇和挑战。产业数字化转型是一个漫长而复杂的过程，需要企业不断学习和创新，不断调整和优化自身的发展战略和业务模式，才能适应数字经济时代的变化和挑战，实现产业的可持续发展和长久繁荣。

随着时代的变迁和科技的不断进步，云计算和大数据在产业中的应用正逐渐呈现出强大的价值和潜力。在金融领域，云计算和大数据的结合可以实现风险管控和财务预测的精准化，提高金融机构的运营效率和风险管理水平。而在制造业方面，通过运用云计算和大数据技术，企业可以实现供应链的优化和生产过程的智能化管理，提升生产效率和产品质量。在能源领域，云计算和大数据的应用可以实现能源消耗的监控和优化，推动能源行业更加绿色可持续发展。

在教育和培训领域，云计算和大数据的应用可以实现教学内容的个性化定制和学习效果的精准评估，提高教育资源的利用效率和学生的学习成果。在零售领域，云计算和大数据的运用可以实现库存管理的智能化和商品推荐的个性化定制，提升零售企业的竞争力和用户购物体验。在交通运输领域，云计算和大数据技术的应用可以实现交通流量的智能调控和路径规划的优化，提高城市交通效率和减少交通拥堵问题。

总的来说，云计算和大数据的结合作为推动产业数字化转型的重要力量，正在深刻影响着各行各业的发展方向和竞争格局。随着技术的不断发展和应用场景的不断扩展，云计算和大数据在产业中的应用将会更加广泛和深入，为不同行业带来更多的机遇和挑战。产业数字化转型需要企业不断探索和创新，不断调整发展策略和业务模式，以适应数字经济时代的变化和挑战，从而实现产业的可持续发展和繁荣。

五、未来数字时代产业转型的发展方向

（一）未来数字经济的发展趋势

在数字经济时代，产业数字化转型已经成为产业发展不可逆转的趋势。随着信息技术的迅猛发展，传统产业不得不加快数字化转型的步伐，以适应市场需求和提升竞争力。产业数字化转型的现状分析显示，已有许多行业率先实施数字化转型，取得了显著的成效。然而，仍然存在着许多挑战和障碍，如技术更新换代快、人才短缺等，需要各行各业共同努力解决。

未来数字时代产业转型的发展方向将主要集中在数据驱动、智能化和全球化三个方面。数据驱动将成为产业发展的核心，通过大数据分析和人工智能技术，实现对消费者需求的精准定位和个性化定制，提升产品和服务的质量和效率。智能化则是未来产业发展的重要方向，将人工智能、物联网、云计算等新技术运用到生产制造中，实现智能化生产和管理，提高生产效率和降低成本。全球化则是数字时代产业转型的必然趋势，通过互联网和跨国合作，实现产业链的全球整合，实现资源共享和优势互补，推动全球产业结构的升级和变革。

未来数字经济的发展趋势是数字化、智能化、开放化和共享化。数字化经济将深刻改变传统产业的生产模式和经营理念，用数字技术和信息化手段提高生产效率和降低生产成本。智能化经济将推动产业发展向智能化方向转变，实现生产自动化和管理智能化，提升企业的竞争力和核心竞争力。开放化经济将加强产业链和价值链的国际合作与协调，推动全球产业的发展和繁荣。共享化经济则将促进资源共享和利益共享，实现产业发展的可持续性和共赢局面。未来，数字经济将引领产业转型的新浪潮，推动经济社会的进步与发展。

未来数字经济的发展趋势将进一步促进全球产业结构的优化和升级。数字时代的到来将加速传统产业的转型升级，推动创新科技的广泛应用，促进产业链的全球整合和资源的互补共享。随着智能化技术的不断发展，企业将更加注重提升生产效率和质量，实现生产自动化和智能化管理，从而增强市场竞争力。同时，开放化的趋势将进一步加强跨国合作与协调，推动全球产业链向价值链的升级，实现全球市场资源的有机整合和优化配置。

共享化经济的发展将进一步促进资源有效利用，推动产业发展迈向可持续性和绿色发展。通过共享经济模式的推动，不仅可以降低生产成本，还可以提高资源利用效率，实现资源共享和利益的平等分享。数字经济的发展趋势将为全球经济带来新的增长动力和活力，推动产业结构的优化调整，促进产业发展和全球经济的持续增长。

在数字化、智能化、开放化和共享化的推动下，未来数字经济的发展将推动全球产业向更高质量、高效率、高附加值方向发展，加快实现全球产业结构的重塑和升级，为经济社会的发展注入新的动力和活力。数字时代的到来将为人类创造更多的发展机遇和可能性，成为推动经济社会进步和发展的重要引擎。

(二) 产业数字化转型的发展方向

在数字经济时代，产业数字化转型已成为企业发展的必然选择。通过对当前产业数字化转型的现状进行深入分析，可以看出产业数字化转型在不断加速推进的过程中，呈现出一些明显的特点和趋势。未来数字时代产业转型的发展方向将主要集中在数字化技术的应用、产业互联网的发展、数字化

第五章 结论与未来展望：数字经济时代的产业转型

管理能力的提升和数字化创新模式的探索等方面。产业数字化转型的发展方向将在信息技术、数据分析、人工智能、云计算等领域取得更多突破，促进产业结构的优化和效率的提升，推动传统产业向数字化、网络化和智能化方向转型升级，在全球市场竞争中取得更大优势。

产业数字化转型的发展方向与数字经济的发展息相关，未来趋势必然是朝着更加数字化、智能化的方向发展。在数字化技术的应用方面，企业将会更加注重技术创新和数字化转型的融合，不断探索适合自身发展的数字化技术和解决方案。同时，产业互联网的发展也将成为产业数字化转型的一个重要方向，企业之间通过互联网技术实现信息共享和资源整合，构建起更加智能高效的产业生态系统。数字化管理能力的提升将成为企业竞争力的核心，企业需要加大对数字化管理工具和软件的运用，提升管理效率和智能化水平。数字化创新模式的探索也将成为企业数字化转型的重要一环，企业需要不断探索新的商业模式和运营方式，以适应数字经济时代的发展要求。

随着信息技术、数据分析、人工智能、云计算等领域的不断发展，产业数字化转型的发展方向将更加明显。企业将进一步加强对技术创新的投入，拓展数字化技术在生产、管理、营销等方面的应用，提升企业的数字化水平和竞争力。同时，产业互联网的发展将推动产业链、价值链以及供应链的协同发展，构建起更加智能化的产业体系。数字化管理能力的提升也将成为企业数字化转型的核心内容，企业需要不断提升管理者的数字化素养，加强数字化管理工具和平台的应用，进一步提高企业的管理效率和运营效果。在数字化创新模式的探索方面，企业将加大对数字化技术和商业模式的整合，不断尝试各种创新模式，以实现产业升级和转型发展的目标。

产业数字化转型的发展方向将更加注重数字化技术的应用、产业互联网的构建、数字化管理能力的提升和数字化创新模式的探索。企业需要不断加大对数字化转型的投入和实践，适应数字经济时代的发展潮流，实现产业转型升级和竞争优势的持续提升。只有不断创新和发展，才能在数字化时代中立于不败之地，赢得更广阔的发展空间和更持久的竞争优势。

（三）未来产业创新的关键领域

未来产业创新的关键领域是科技创新，技术创新对产业发展起着至关重要的作用。未来产业创新的关键领域包括人工智能、大数据、物联网等，这些领域将会对未来产业发展带来革命性的影响。在数字经济管理下，产业创新将更加注重技术应用与创新，以推动产业数字化转型、提高产业效率、促进产业升级。

未来产业创新的关键领域还包括绿色可持续发展。随着全球环境问题的日益突出，绿色可持续发展已经成为产业发展的重要趋势。未来产业需要在节能减排、资源循环利用、环境友好等方面进行创新，以实现经济发展与环境保护的双赢局面。

未来产业创新的关键领域还包括人才培养与创新创业。人才是推动产业创新发展的核心。未来产业需要培养更多具有创新意识与创业精神的高素质人才，以推动产业数字化转型与升级。

未来产业创新的关键领域是科技创新、绿色可持续发展、人才培养与创新创业。只有在这些领域不断创新与发展，产业才能在数字经济管理下实现可持续发展与创新突破。希望未来的产业能够不断探索创新的路径，实现数字经济时代的产业转型与升级。

未来产业创新的另一个关键领域是数字化技术应用与智能制造。随着信息技术的飞速发展，数字化技术已经成为产业升级的重要推动力。智能制造的兴起正在改变传统产业生产模式，提高生产效率和产品质量。未来产业需要不断探索数字化技术应用与智能制造的新路径，以实现生产方式的革新和技术水平的提升。

未来产业创新也需要重视全球化合作与开放发展。随着经济全球化的深入发展，产业的竞争已经不再局限于国内市场。跨国合作与开放式创新已经成为未来产业发展的必然选择。只有加强与全球先进企业的合作，吸收国际先进技术和管理经验，才能推动产业的国际化发展，实现更加持续和高效的发展。

未来产业创新还需要重视产学研结合与创新生态建设。产学研结合可以有效促进科研成果的转化和应用，在创新实践中发挥重要作用。同时，建设良好的创新生态也是产业创新的关键。只有搭建起有利于创新的政策环境和创新体系，吸引各方力量参与创新活动，才能为产业创新注入源不断的活力与动力。

总的来说，未来产业创新的关键领域是多方面的：科技创新、绿色可持续发展、人才培养与创新创业、数字化技术应用与智能制造、全球化合作与开放发展、产学研结合与创新生态建设。只有在各个关键领域持续进行创新与发展，未来产业才能实现可持续发展和不断突破。希望未来的产业能够找到自己的发展之路，走向更加繁荣与兴旺。

(四) 产业领域中的数字科技发展

数字经济时代已经到来，数字科技的快速发展和广泛应用正在深刻改变着各个产业领域。在这种背景下，产业数字化转型成为了各个行业都需要面对和探索的重要课题。数字化技术的发展正在推动传统产业向智能化、数字化转型，使得生产、管理、营销等方面都发生了深刻改变。未来数字时代，产业转型将朝着更加智能化、自动化和网络化的方向发展，数字科技将成为产业创新和发展的重要驱动力。随着人工智能、物联网、大数据等技术的不断发展和应用，各个产业领域将更加依赖数字科技来提升效率、优化资源配置、创造价值。

在产业数字化转型的现状分析中，我们可以看到越来越多的企业开始意识到数字化转型的重要性，并积极采取行动。通过引入智能化生产设备、建立数字化供应链系统、开发智能化营销模式等措施，企业正在逐步提升自身的竞争力和抗风险能力。数字经济时代的产业数字化转型已经成为企业生存和发展的必由之路，那些能够及时跟进和适应数字化转型的企业将会脱颖而出，获取更多市场份额和利润。

未来数字时代，产业转型的发展方向将更加注重技术创新和数据驱动。数字化技术的广泛应用将使得产业的边界变得模糊，传统产业将更多地与数字科技、互联网平台等结合，形成新的产业生态系统。在数字化转型的过程中，企业需要加强技术人才的培养和引进，建立完善的数字化战略规划，加强与科研机构和技术公司的合作，共同推动产业领域的数字科技发展。数字经济时代的产业转型并非一蹴而就，需要企业不断进行试验和创新，不断调整和优化数字化策略，逐步实现产业的升级和智能化改造。

总的来说，产业数字化转型是数字经济时代产业发展的必然趋势，数字科技的发展将为产业带来更多的机遇和挑战。企业需要积极适应数字化转型的要求，加强技术创新和人才培养，与时俱进地推动产业领域的数字科技发展，实现产业升级和可持续发展。只有不断追求创新和进步，企业才能在数字经济时代中脱颖而出，赢得市场竞争的优势。

在产业领域中，数字科技的快速发展正日益改变着传统产业的格局。随着数字化转型的推进，企业需要不断调整战略，加强与技术公司和科研机构的合作，共同探索数字科技在产业升级中的应用。只有通过不断的试验和创新，企业才能找到适合自身发展的数字化转型路径，并不断优化数字化策略，实现产业的智能化改造。在数字经济时代，产业数字化转型已经成为大势所趋，企业需要主动适应数字化转型要求，不断加强技术创新和人才培养，通过与时俱进的方式推动数字科技在产业领域的发展。只有积极应对挑战，不断追求创新，产业才能实现持续发展和进步。数字经济时代给予企业无限的机遇，但也伴随着巨大的竞争压力。只有不断适应数字化转型的要求，不断提高自身核心竞争力，企业才能在激烈的市场竞争中脱颖而出，实现可持续发展的目标。通过与科研机构和技术公司的广泛合作，企业能够更好地把握数字科技的发展方向，不断探索创新的路径，实现数字化转型的成功。产业数字化转型是一个长期而复杂的过程，需要企业在不断尝试和学习中不断完善自身数字化战略，逐步提升产业的智能化水平，实现转型升级的目标。在数字经济时代，只有不断进取，勇于创新，企业才能在激烈的市场竞争中立于不败之地，引领产业发展的潮流。

第二节　产业数字化转型的挑战与应对

一、数字经济下的产业发展难题

（一）信息安全与数据隐私保护

在数字经济管理下，产业发展与创新正面临着巨大的挑战与机遇。产业数字化转型的现状分析显示，随着数字技术的不断进步和应用，越来越多的传统产业开始向数字化转型。未来数字时代产业转型的发展方向需要更加注重数字化技术的创新和应用，以适应市场需求和提升竞争力。

产业数字化转型的挑战与应对是数字经济时代必须面对的问题。随着数字化技术的推广，产业面临着信息安全与数据隐私保护的重大难题。仅有加强信息安全和数据隐私保护，才能确保数字经济下产业发展的可持续性和稳定性。

在数字经济下的产业发展过程中，信息安全与数据隐私保护显得尤为重要。只有加强信息安全意识，健全信息安全管理体系，并加强数据隐私的法律保护，才能有效应对数字经济时代产业数字化转型中的种挑战和困难。

在数字化转型的浪潮中，信息安全与数据隐私保护是企业必须重视的核心问题之一。在数字经济时代，信息安全风险和数据隐私泄露可能会对企业的声誉和经济利益造成严重的影响。因此，建设完善的信息安全管理体系和数据隐私保护机制势在必行。

同时，随着科技的不断创新和进步，黑客和网络犯罪分子的攻击手段也在不断升级，企业所面临的信息安全挑战日益严峻。因此，企业需要加强技术投入，不断提升信息安全防护能力，及时发现和应对风险。

在数字化转型过程中，企业还需遵守相关的法律法规，加强数据隐私的法律保护，妥善处理个人信息，确保数据安全和隐私权不受侵犯。只有这样，企业才能在激烈的市场竞争中立于不败之地。

总的来说，信息安全与数据隐私保护是产业数字化转型中不可或缺的一环。企业需要意识到信息安全的重要性，建立风险意识，加强管理，不断完善防护措施，保障企业信息安全和个人数据隐私的安全性。通过这样的努力，企业才能在数字经济时代中赢得更多的竞争优势，实现可持续发展的目标。

(二) 人才培养与技术更新

产业数字化转型对人才培养和技术更新提出了新的要求。在数字经济时代，人才培养不仅需要关注传统经济学知识，还需要注重数字化管理、大数据分析、人工智能等前沿技术领域的知识更新。同时，技术更新的速度也变得越来越快，要求企业及其员工不断学习、不断适应新技术的变化，以适应数字经济时代的产业发展需求。在这样一个快速变革的时代，只有不断提升自身技能和知识储备，才能在激烈的市场竞争中立于不败之地。

数字经济下的产业发展面临着诸多困难和挑战。传统产业在数字化转型过程中可能面临着技术更新不足、人才匮乏、市场萎缩等问题，而新兴产业也会面临着创新不足、市场认可不足等难题。这些挑战需要企业和政府共同应对，建立起良好的政策环境和市场机制，推动企业加大研发投入、加强人才培养，以提高产业数字化水平，加快产业升级和创新发展的步伐。

产业数字化转型的现状分析表明，数字经济时代的产业转型已经成为不可逆转的趋势。未来数字时代产业转型的发展方向将更加注重技术创新、产业间融合和数字化管理的整合，以实现产业链的升级和产业结构的优化。同时，产业数字化转型也将在不断探索和创新中，应对新的挑战和变化，推动数字经济时代的产业转型迈向更加繁荣和进步的方向。

在现代数字经济时代，产业数字化转型已经成为企业发展的必然趋势。在这一背景下，人才培养和技术更新显得尤为重要。企业需要加强人才队伍的建设，培养具备数字化思维和技术能力的专业人才，以适应数字化转型的需求。同时，企业还应加大研发投入，不断推进技术创新，提升产品和服务的竞争力。

在面对市场的挑战时，企业需要建立起良好的政策环境，促进创新机制的落地。政府应加大对数字化转型的支持力度，制定相关政策和法规，为企业提供更多的发展机会和资源支持。同时，市场因素也起着至关重要的作用，企业需要准确把握市场需求，提升产品的市场认可度，不断拓展市场份额，实现产业的持续发展。

产业数字化转型还需要加强产业间的融合和合作。不同产业之间的协同作用能够促进产业链的升级和优化，实现资源的共享和互补，推动整个产业体系向数字化管理的方向迈进。在未来的发展中，产业数字化转型将不断探索创新，适应新的挑战和变化，加速数字经济时代产业转型的步伐，推动产业向更加繁荣和进步的方向发展。企业和政府需要共同努力，携手推动产业数字化转型的深入发展，为实现经济社会的可持续发展贡献力量。

(三) 产业间协同合作与共享机制

在数字经济时代，产业数字化转型已成为推动产业发展与创新的重要趋势。产业数字化转型的现状分析显示，各行各业都在积极探索数字化技术的应用，以提高生产效率和产品质量。未来数字时代产业转型的发展方向将更加注重数据驱动决策和智能化生产，以满足消费者个性化需求。

然而，产业数字化转型也面临着诸多挑战，如数字技术的快速更新换代、信息安全和数据隐私保护等问题。在这个过程中，产业间协同合作与共享机制显得尤为重要。只有通过产业间的紧密合作与信息共享，各个企业才能更好地应对数字经济下的产业发展难题，共同推动整个产业链的创新与发展。

产业间协同合作与共享机制的意义不仅在于优化资源配置、提升生产效率，更在于打破各自独立发展的局面，实现全产业链的协同发展。只有通过共享数据、共同研发创新产品，各企业才能在数字经济时代中保持竞争力，实现可持续发展。

因此，未来产业数字化转型的成功与否将取决于产业间协同合作与共享机制的建立与完善。只有通过共同努力，各个产业才能在数字经济时代中找到新的增长点，并迎接产业转型带来的机遇与挑战。

在当前数字经济蓬勃发展的背景下，产业间协同合作与共享机制的重要性日益突显。仅依靠单一企业的努力已无法满足市场的需求，需要通过多方合作实现信息资源的共享和技术的交流。在产业链各个环节间建立良好的合作关系，可以促进产品创新和技术进步，提高整个产业的竞争力。

通过协同合作，不同企业间可以互相补充优势，实现资源的最大化利用。同时，共享机制可以实现风险的共担，降低企业单独面对市场风险而造成的压力。只有在全产业链上建立起密切的协作关系，企业才能更好的适应市场的快速变化，迎接新技术带来的挑战。

在数字经济时代，数据被视为最为宝贵的资源之一，而产业间的信息共享可以极大地提升企业的数据采集和分析能力，从而更好地把握市场趋势。通过共同研发创新产品，产业间可以实现更高效的生产流程，提高生产效率，减少资源浪费，同时推动整个产业的发展。

值得一提的是，产业间的协同合作不仅可以促进生产效率的提升，更可以推动整个行业的创新发展。只有各企业携手合作，充分发挥各自优势并共同应对挑战，才能实现可持续发展，实现产业数字化转型的成功，并在新的经济浪潮中抢占先机。通过共同努力和协同合作，各个产业可以共同探索出一条适应数字经济发展的新路径，取得更大的发展空间和机遇。

(四)产业智能化转型的管理困境

数字经济时代,产业数字化转型已经成为当前产业发展的重要趋势。通过分析目前数字化转型的现状,我们可以看到,产业数字化转型已经在许多行业中取得了初步成果。然而,面对未来数字时代的挑战,产业转型亟需找到新的发展方向,以适应数字经济的快速发展。

在未来数字时代,产业转型的发展方向需要更加注重数据的挖掘和利用,以实现产业的智能化升级。同时,产业数字化转型也需要加强对技术创新的引领,促进传统产业与数字经济的深度融合,从而实现产业的全面升级和转型。

然而,产业数字化转型仍然面临着诸多挑战,如数据隐私保护、信息安全等问题,需要企业积极应对。同时,数字经济下的产业发展也面临着诸多难题,如人才缺乏、创新不足等,需要各方合力应对和解决。

在产业智能化转型的管理过程中,企业还需克服管理困境,如组织结构调整、人员培训等问题。这些管理困境不仅影响产业数字化转型的进程,还可能影响企业的长期发展。因此,企业需要更加注重管理创新,不断优化管理模式,提升管理水平,促进产业数字化转型的顺利进行。

数字经济时代背景下的产业数字化转型已成为当前产业发展的必然趋势。未来,产业数字化转型需要更加注重数据挖掘和利用,加强技术创新引领,应对挑战,解决难题,克服管理困境,推动产业智能化转型的顺利进行,实现产业的更加健康、可持续发展。

在数字经济时代的浪潮下,产业智能化转型已然成为企业必须直面的挑战。为了适应未来的发展需求,企业需要积极应对数字化转型带来的管理困境,如组织结构调整、人员培训等问题。只有不断优化管理模式,提升管理水平,才能推动产业数字化转型的顺利进行。

同时,产业智能化转型的过程中还面临人才缺乏、创新不足等难题,需要各方合力应对和解决。因此,企业需要加强数据挖掘和利用,引领技术创新,以应对未来的挑战。只有克服这些难题,企业才能实现产业的更加健康、可持续的发展。

在未来的数字化转型中,企业需要更加注重管理创新,不断开拓新思路,不断提高绩效。只有持续不断地改进自身管理方式和方法,企业才能在激烈的市场竞争中立于不败之地,推动产业数字化转型的进程。

产业智能化转型不仅是一种技术的迭代,更是一场管理的革新。只有积极应对管理困境,注重创新与技术引领,企业才能真正实现数字化转型目标,迎接数字经济时代的挑战,实现更加健康、可持续的发展。

二、产业数字化转型的风险管理

(一)数字化风险的识别与预防

数字化风险的识别与预防是当前数字经济管理下产业发展与创新中不可忽视的重要环节。随着产业逐渐数字化转型,企业面临的风险也在悄然增加。为了有效应对风险,企业需要深入了解数字化风险的本质,提前识别可能存在的隐患,并采取相应的预防措施。

在数字化时代,企业面临的风险种类繁多,如网络安全风险、数据泄露风险、技术漏洞风险等。这些风险可能导致企业信息资产受损,影响企业的正常运营,并且还可能损害企业的声誉和利益。因此,企业需要建立完善的风险识别机制,及时掌握风险动态,确保企业在数字化转型中的安全性与可靠性。

为了预防数字化风险,企业需要制定相关的安全政策与控制措施,提高员工的信息安全意识,加强系统的安全防范,定期对系统进行漏洞扫描与风险评估,建立健全的应急响应机制,以及加强对外部合作伙伴的监管与管理。同时,企业还需要注重风险教育与培训,不断提升组织的风险应对能力,做好数字化风险的防范工作。

数字化风险的识别与预防对于在数字经济时代的产业发展与创新至关重要。只有加强对数字化风险的认识,不断完善风险管理体系,才能有效提高企业的安全性与稳定性,确保企业在数字化转型中的可持续发展。希望通过对数字化风险的识别与预防,企业能够更加自信地迎接数字化时代带来的挑战,实现产业转型与创新发展的目标。

数字化风险的识别与预防不仅是企业应该重视的问题,更是一个时代发展的必然要求。只有不断地提升对数字化风险的认知和应对能力,企业才能够更加坚定地走向数字化时代的前沿。在数字经济时代,安全是企业的生命线,只有建立强有力的安全政策和控制措施,提高员工的信息安全意识,加强系统的安全防范,才能有效地保障企业的稳定发展。定期对系统进行漏洞扫描与风险评估,建立健全的应急响应机制也是企业应该着重关注的方面。

随着技术的不断发展与进步,数字化风险的形式和方式也在不断变化。因此,企业需要注重风险教育与培训,持续提升组织的风险应对能力,保持对数字化风险的高度警惕。同时,加强对外部合作伙伴的监管与管理,建立良好的合作关系也是企业应对数字化风险的重要一环。

在数字化转型的道路上,企业需要认清数字化风险所带来的挑战与机遇,不断创新,不断改进,逐步提升自身的竞争力和抗风险能力。只有通过识别与预防数字化风险,企业才能够更好地实现产业转型与创新发展的目标,稳步推进数字化时代的步伐。数字化风险,既是一种威胁,也是一种动力,唯有从容面对,才能勇立潮头,引领未来!

(二)风险管理体系的构建

在数字经济时代,产业数字化转型已成为企业发展的必然趋势。随着科技的不断发展和应用,传统产业正面临着数字化转型的新挑战和机遇。产业数字化转型的现状分析显示,越来越多的企业开始重视数字化转型,并通过引入人工智能、大数据分析、云计算等先进技术,提升生产效率和管理水平。未来数字时代产业转型的发展方向将更加注重数据的价值挖掘和利用,推动产业升级和创新发展。

然而,产业数字化转型也面临着诸多挑战,如技术更新换代快、人才匮乏、数据安全风险等问题。因此,企业在进行数字化转型时,需要充分考虑挑战所带来的影响,并及时采取有效的措施来化解风险。同时,建立完善的风险管理体系对于企业的稳健发展至关重要。风险管理体系的构建需要从制定明确的风险管理政策和流程、建立有效的风险监控机制、加强员工风险意识培训等方面入手,以降低数字化转型过程中的风险和不确定性。

总的来说,产业数字化转型是一个长期而复杂的过程,企业需要不断适应新的科技发展趋势,同时也要重视风险管理和风险意识的培养。只有通过持续的创新和风险管理，企业才能在数字经济时代中保持竞争力，实现可持续发展。

在数字化转型的进程中，企业需要意识到风险管理的重要性，以确保企业能够稳健发展。在构建风险管理体系时，企业首先需要明确风险管理政策和流程，确保全员都能遵守规定。建立有效的风险监控机制是至关重要的，只有及时掌握风险情况，企业才能迅速做出反应。加强员工的风险意识培训也是不可或缺的一环，只有让员工了解风险的存在和影响，才能共同维护企业的利益。

在数字化转型的路上，企业还必须持续适应新的科技发展趋势，不断进行创新。只有不断地推出新的产品和服务，企业才能在激烈的市场竞争中立于不败之地。同时，企业需要重视风险管理和风险意识的培养，让每个员工都能参与到风险管理中来。只有通过全员共同努力，企业才能在数字经济时代中保持竞争力，实现可持续发展的目标。

构建完善的风险管理体系对企业的数字化转型至关重要。只有通过风险管理的有效进行和持续创新，企业才能应对种挑战，保持竞争力，实现长期稳健的发展。因此，企业需要不断学习和改进，不断提升自身的风险管理水平，以应对未来的挑战。

(三) 产业数字化风险的评估与监控

产业数字化风险的评估与监控在数字经济管理下变得尤为重要。随着产业数字化转型的加速推进，企业面临的风险也随之增加。对于企业而言，如何有效评估和监控产业数字化风险，是保障业务持续发展和稳定运营的关键。而对于论文导师来说，深入研究产业数字化风险评估与监控，为学生提供深度思考与解决问题的能力培养。

在产业数字化转型的过程中，企业可能面临多种风险，包括数据泄露风险、网络安全风险、技术更新换代风险等。在这样多样化的风险面前，企业需要建立完善的风险评估机制，以便及时发现和识别潜在风险。通过对各种可能风险的全面评估，企业可以有针对性地采取有效措施，降低风险对企业经营的影响。同时，监控产业数字化风险也是至关重要的。企业需要建立有效的监控机制，及时发现风险的变化和演化，并采取相应措施，以确保产业数字化转型的顺利进行。

然而,产业数字化风险的评估与监控并非易事。在数字经济时代,风险的形式和特点不断变化,对企业的应对能力提出了更高要求。因此,企业需要不断优化风险评估和监控机制,利用先进技术手段和数据分析技术,提高对风险的感知和应对能力。在这一过程中,企业需要加强对员工的风险意识培养,建立全员参与的风险管理体系,以便更好地应对产业数字化风险的挑战。

要实现产业数字化风险的有效评估与监控,企业需要充分利用技术手段,建立起科学合理的风险管理体系。同时,企业需要不断学习和积累经验,及时总结和完善风险管理的经验,以应对日益复杂和多变的风险形势。通过不断改进和创新,企业可以更好地应对产业数字化风险,实现产业转型的顺利进行。最终,企业将在数字经济时代中取得更加稳健和可持续的发展。

在数字化时代,企业所面临的风险不断演变,形式与特点日新月异,对企业的挑战也越发严峻。因此,企业需要不断提升自身的风险感知和处理能力,以应对不断变化的风险环境。在这个过程中,培养员工的风险意识,建立全员参与的风险管理机制至关重要。只有通过科学有效的风险管理体系,结合技术手段和数据分析工具,企业才能更好地识别和处理潜在的数字化风险。

企业应不断学习积累经验,在风险处理的过程中总结经验教训,并及时完善风险管理机制。通过不断的改进和创新,企业才能更有效地应对数字化风险的挑战,实现转型升级。只有这样,企业才能在数字经济时代中稳健发展,赢得可持续增长的机遇。因此,企业要始终保持敏锐的风险意识,不断探索新思路和方法,以应对数字化时代带来的各种风险挑战。只有如此,企业才能立于不败之地,迎接未来的挑战,成为行业领军企业。

(四)风险事件的应急处理

在数字经济管理下产业发展与创新的背景下,产业数字化转型已成为当下的重要趋势。通过对现状的分析,可以看到数字时代对产业转型的影响巨大,未来也将呈现出新的发展方向。然而,在面临产业数字化转型的挑战时，企业需要积极应对，同时也要重视风险管理和风险事件的应急处理。

随着数字经济的不断发展，产业数字化转型已经成为多数企业的必选项。通过数字化技术的引入，企业能够提升生产效率、优化资源配置，实现产业升级和创新发展。未来数字时代的产业转型将主要围绕着智能化、数字化和网络化展开，这将为企业带来更广阔的发展空间和机遇。

然而，在产业数字化转型的过程中，企业可能面临各种挑战，如技术更新换代的速度快、员工技能不足、数据安全和隐私保护等问题。为了应对这些挑战，企业需要制定合理的发展策略，加大技术研发投入，提升员工技能水平，加强数据安全管理，有效防范和化解各类风险。

风险管理在产业数字化转型中起着关键作用，企业应建立完善的风险管理体系，建立风险意识，预测和识别潜在风险，及时采取有效应对措施。同时，面对风险事件的发生，企业需要做好应急处理准备，迅速响应，减少损失，恢复正常生产经营秩序，保障企业可持续发展。

产业数字化转型是数字经济管理下的必然趋势，企业需要认清当下的现状，审视未来的发展方向，积极应对挑战，加强风险管理，做好风险事件的应急处理，以推动产业创新发展，赢得持续竞争优势。

在进行产业数字化转型的过程中，企业还需要重视品牌管理和营销策略的调整。随着市场竞争的加剧和消费者需求的多样化，企业应当不断改进产品和服务质量，提升品牌形象，增强市场竞争力。同时，针对不同的市场需求和消费群体，灵活调整营销策略，拓展销售渠道，增加市场份额。除此之外，企业还应该重视人才培养和团队建设，搭建合作伙伴关系，共同推动产业升级和发展。在全球化竞争的背景下，企业需要积极拓展国际市场，加强国际合作，提升品牌影响力和竞争力。只有不断改进管理模式、提高核心竞争力、加强风险管理和应对能力，企业才能在数字经济时代取得成功，实现可持续发展。

三、产业数字化转型中的政策支持

（一）政府在数字化转型中的引导作用

政府在数字化转型中担当着重要的引导作用。政府在推动产业数字化转型方面，首先要制定相关政策措施，为企业提供合适的政策支持和资源保障。政府可以通过制定税收优惠政策、设立数字化转型基金、建立数字技术培训机制等方式来支持企业数字化转型。政府可以加大对数字技术研发和应用的投入，推动数字技术的创新应用，帮助企业提升生产效率和提高竞争力。

政府在数字化转型中的引导作用不仅在政策支持方面，也包括在推动企业参与数字化转型方面。政府可以发挥组织协调作用，推动产业界、学术界、研究机构等各方合作，促进数字技术的跨界融合和创新应用。政府可以通过组织产业对接、举办数字化转型峰会等方式，促进企业之间的合作交流，推动数字化转型的共建共享。

除此之外，政府还可以建立数字经济管理平台，为企业提供数字化转型的信息化服务和技术支持。政府可以通过建立数字化转型服务中心、开展数字化转型示范工程等举措，帮助企业解决数字化转型过程中的技术难题和风险挑战，推动产业数字化转型的深入发展。

在数字经济时代，政府在数字化转型中的引导作用至关重要。政府应积极制定政策支持，为企业提供政策保障和资源支持；发挥组织协调作用，促进产业界合作共建；建立数字化转型服务平台，为企业提供信息化服务和技术支持。只有政府、企业和社会各界共同努力，共同推动数字化转型，才能实现产业的可持续发展和创新升级。

未来，随着数字技术的不断发展和普及，产业数字化转型将成为产业发展的重要趋势。政府在数字化转型中的引导作用必将更加突出，为企业提供更加全面的政策支持和资源保障，推动产业数字化转型的深入发展。希望在数字经济管理下，产业发展与创新能够迎来更加美好的未来！

（二）产业政策与法规体系的完善

数字经济的快速发展为产业转型提供了前所未有的机遇，但也带来了严峻的挑战。在这一背景下，产业政策与法规体系的完善变得尤为重要。政府需要制定更加灵活、开放的政策，以适应数字经济时代的快速变化。政府应当强化监管力度，打击违法违规行为，维护数字经济的健康发展环境。政府还应当加大对技术创新和人才培养的支持力度，为产业数字化转型提供坚实的基础。

在当前数字经济时代，产业政策应当注重以下几个方面的完善：一是加强对数字经济企业的扶持政策，为其提供更加有力的政策支持，促进其数字化转型和创新发展。二是加大对数字技术研发和应用的支持力度，推动数字技术在各行业的广泛应用，实现产业的数字化升级。三是加强对数字经济市场的监管力度，打破垄断，促进市场经济的公平竞争。四是加强对数字经济人才培养的支持，培养大批高素质的数字化人才，为数字经济的快速发展提供人才支撑。

产业法规体系的完善也是产业数字化转型的重要保障。产业法规应当与时俱进，及时跟踪数字经济发展的新趋势，为产业数字化转型提供法律保障。同时，产业法规应当加强对数字经济领域的监管力度，保护数字经济产业的合法权益。产业法规应当完善知识产权保护体系，为数字经济的创新发展提供更好的环境。

在数字经济时代，产业转型是必然趋势，也是各行业发展的基础。产业数字化转型不仅可以提升产业效率，还可以促进产业创新，推动产业结构的升级。政府、企业和社会各界应当共同努力，完善产业政策与法规体系，携手推进产业数字化转型，共同开创数字经济时代的新局面。相信在全社会共同努力下，数字经济将为产业转型带来更加广阔的发展空间，为人类的经济社会发展带来更加美好的未来。

在数字经济时代，产业政策与法规的完善是产业数字化转型的重要支撑。政府需要加强对数字经济领域的监管，不断优化法规体系，为数字经济的健康发展提供有力支持。同时，企业也应当积极配合，遵守相关法规，保护知识产权，促进产业创新。在推动产业数字化转型的过程中，要加强行业间的合作与交流，共同探讨解决数字经济发展中的问题和挑战。只有各方共同努力，才能推动数字经济在产业转型中发挥更大的作用。

产业数字化转型的过程中，需要重视与时俱进的产业政策制定。政府应当根据数字经济发展的新趋势，及时修订完善现有的法规体系，为产业转型提供更加全面的法律保障。同时，产业政策也应当注重维护数字经济产业的合法权益，促进产业结构的升级和优化。只有通过不断优化产业政策与法规体系，才能更好地推动产业数字化转型进程，实现产业的可持续发展。

除了政府和企业的积极参与，社会各界也发挥着不可或缺的作用。作为社会的一员，每个体都应当增强数字经济意识，支持并参与产业数字化转型的过程。通过共同努力，构建一个良好的数字经济生态环境，为数字经济的健康稳定发展奠定坚实的基础。相信在全社会的共同努力下，数字经济将为产业转型带来更加广阔的发展空间，为经济社会发展带来更加美好的未来。让我们携手并进，共同开创数字经济时代的新篇章！

（三）产业数字化转型资金支持与税收政策

在数字经济时代，产业数字化转型已成为企业发展的必然选择。在这一过程中，资金支持和税收政策起着至关重要的作用，对企业发展起着直接影响。

资金支持对于企业进行数字化转型至关重要。在数字经济管理下，企业需要大量的资金投入来更新技术设备、培训员工、研发新产品等，以适应市场需求的不断变化。政府可以通过设立专项基金、降低融资成本、提供贷款担保等方式来为企业提供资金支持，帮助企业推动数字化转型。

税收政策也是影响企业数字化转型的重要因素之一。政府可以通过调整税收政策，给予数字化转型企业税收优惠或减免，激励企业积极投入数字化转型，提高产业竞争力。政府还可以通过税收政策来鼓励企业加大研发投入，推动科技创新，促进产业数字化转型的进程。

政府在制定资金支持和税收政策时，应根据不同行业的特点和发展阶段来制定差异化的政策。比如对于传统行业来说，政府可以通过引导基金设立、降低融资利率等方式来支持其数字化转型；对于新兴行业来说，政府可以通过设立创新基金、科研项目资助等方式来促进其发展。

同时，政府还应该加强政策执行力度，确保资金支持和税收政策能够真正落实到位。政府部门应建立健全的监管体系，加强对企业资金使用情况的监督，确保资金得到有效利用；同时，加强税收征管，严格按照政策要求执行税收政策，确保企业享受到应有的税收优惠。

总的来说，在数字经济时代，政府通过资金支持和税收政策来促进产业数字化转型是非常必要的。只有政府、企业和社会各方共同努力，才能推动产业数字化转型取得更大的成功，实现经济持续增长和可持续发展。相信在政府政策的引导下,未来企业数字化转型将迎来更加美好的发展前景。

在产业数字化转型的进程中,政府的支持和引导发挥着至关重要的作用。除了设立创新基金和科研项目资助外,政府还可以通过降低税收负担、简化税收流程等方式来为企业提供更加便利的经营环境。同时,政府还可以加大对数字化转型的宣传力度,提升企业对政策的理解和认知,从而更好地把握转型的机遇和挑战。

政府在执行政策过程中也要注重监督和评估的工作。建立健全的监管体系,加强对企业资金使用情况的监督,确保资金得到合理和有效利用。同时,加强税收征管工作,督促企业严格按照政策要求执行税收政策,确保企业享受到应有的税收优惠,同时也保障了国家财政的稳定和可持续性发展。

在数字经济时代,政府在促进产业数字化转型方面扮演着重要的角色,需要不断完善政策措施,提升政策执行力度,为企业提供更多便利和支持。只有政府、企业和社会各方共同协作,才能推动数字化转型取得更大的成功,实现经济的可持续增长和发展。相信在各方共同努力下,未来企业数字化转型一定会迎来更加美好的发展前景。

(四)人才培养政策与国际合作机制

人才培养政策是推动产业数字化转型的重要手段之一。在数字经济时代,企业需要大量拥有数字化技能的人才来推动产业的发展和创新。因此,政府应当加大对人才培养的投入,建立完善的人才培养体系,培养更多具备数字技能和创新能力的人才。

政府可以通过制定相关政策和法规来促进产业数字化人才的培养。政府可以与高校、企业等合作,共同开展产业数字化人才培养项目,为学生提供更多的实践机会,提高其数字化技能和创新能力。同时,政府还可以鼓励企业开展实习计划,为学生提供更多的实践机会,培养他们在数字经济时代所需的技能。

政府可以加大对产业数字化人才培养的资金支持。政府可以设立专项资金,用于支持高校开展产业数字化人才培养项目,提供更多的奖学金和助学金,吸引更多的优秀人才从事数字化产业的研究和创新工作。同时,政府还可以鼓励企业加大对员工的培训投入,提高员工的数字化技能和创新能力。

政府还可以加强与国际合作机制，共同推动产业数字化转型的发展。在数字经济时代，产业数字化转型已经成为全球产业发展的趋势，各国之间需要加强合作，共同推动产业数字化转型的发展。政府可以加强与国际组织、外国政府等的合作，共同开展产业数字化人才培养项目，为企业提供更多的合作机会，共同推动产业数字化转型的发展。

人才培养政策和国际合作机制是推动产业数字化转型的重要手段，政府应当加大对人才培养的投入，建立完善的人才培养体系，培养更多具备数字化技能和创新能力的人才。同时，政府还应加强与国际合作机制，共同推动产业数字化转型的发展，促进数字经济时代产业转型的持续发展。相信在政府的支持和推动下，产业数字化转型一定能够取得更大的成就，为数字经济时代的产业发展和创新注入新的活力。

在当今浩瀚的数字经济时代，产业数字化转型已经成为企业实现可持续发展的必然选择。在这个背景下，人才培养政策和国际合作机制成为推动产业数字化转型的关键因素。政府应当重视人才培养工作，投入更多资源培养具备数字化技能和创新能力的人才，为企业提供更多的合作机会。

国际合作机制也是推动产业数字化转型的重要手段之一。各国可以加强合作，共同探讨数字经济时代的发展趋势，共同促进产业数字化转型的进程。通过加强与国际组织、外国政府等的合作，可以共同开展人才培养项目，推动产业数字化转型的发展。这种合作不仅可以促进技术的交流与创新，也有利于拓展企业的国际市场和提升竞争力。

除了政府的支持和推动外，企业也应当积极参与产业数字化转型的过程。通过持续的技术研发和创新能力的提升，企业可以更好地适应数字经济时代的发展需求，实现自身的可持续发展。同时，企业还应当重视人才队伍建设，培养具有数字化技能和创新能力的员工，为企业的发展注入新的活力。

在产业数字化转型的道路上，政府、企业和人才共同努力，相信产业数字化转型一定能够取得更大的成就，为数字经济时代的产业发展和创新带来新的活力和机遇。愿我们共同努力，共同推动产业数字化转型的发展，迎接数字经济时代的挑战与机遇。

四、产业数字化转型的困境与突破

(一) 传统产业文化对数字化转型的影响

传统产业文化对数字化转型的影响不可忽视。在过去的发展过程中，很多传统产业形成了自己独特的文化和价值体系。这种传统产业文化通常具有保守、守旧的特点，习惯于固定的生产模式和市场营销方式。面对数字经济的快速发展和变革，传统产业文化往难以适应和接受新的挑战。

传统产业文化往限制了企业对新技术的接受和应用。传统产业成熟的生产方式和管理模式使得企业管理者很容易陷入舒适区，不愿意接受新的数字化技术和工具。因此，即使是具有潜力的数字化转型方案，也可能因为传统产业文化的束缚而无法得到有效实施。

传统产业文化往阻碍了企业的开放和合作。由于长期以来形成的封闭式组织文化，很多传统企业习惯于独立自主地运营和发展，缺乏开放和合作意识。在数字经济时代，企业之间的合作与共享已经成为发展的必然趋势，而传统产业文化往使得企业难以融入这种合作体系，错失了与其他企业共同创新的机会。

然而，要突破传统产业文化的限制，企业需要积极主动地进行变革和创新。企业管理者需要转变思维，树立开放、创新的理念。要意识到传统产业文化的束缚，积极寻找并接受新的数字化技术和工具，不断提升企业的竞争力和创新能力。

企业可以通过开展文化建设和培训，加强员工的数字化意识和能力。建立开放、合作的企业文化，鼓励员工勇于尝试和创新，激发员工的创造力和潜力。同时，加强与其他企业和机构的合作，共同探索数字化转型的路径和策略，实现互利共赢。

总的来说，传统产业文化对数字化转型确实存在一定的阻碍，但只要企业有意识地进行变革和创新，就能够突破传统产业文化的束缚，实现数字化转型的成功。在数字经济时代，只有不断适应和学习新的知识和技术，企业才能在激烈的市场竞争中立于不败之地，实现可持续发展。Digitalization and transformation are the trends of the times, and only breaking through the limitations of traditional industrial culture can enterprises achieve sustainable development in the digital economy era.

（二）技术标准与体系建设的瓶颈

技术标准与体系建设对产业数字化转型起着至关重要的作用。技术标准是制约数字化转型发展的重要因素之一，没有统一的技术标准，就会导致产业内部信息孤岛，无法实现数字化协同和数据共享。在数字经济管理下，不同企业之间需要遵守统一的技术标准，才能实现数字化生产、管理和服务的协同。而体系建设则是支撑技术标准实施的重要基础，包括数字化基础设施建设、数字治理体系建设等方面。

然而，在当前产业数字化转型过程中，技术标准和体系建设依然存在一些瓶颈。首先是多样性和复杂性带来的挑战。不同行业、不同领域的数字化应用有着各自特定的技术需求，技术标准的统一并不容易实现。同时，数字化技术日新月异，技术标准需要不断更新和完善，而现有的技术标准体系往跟不上技术发展的步伐，导致标准滞后于实际需求。其次是标准制定的参与度和代表性不足。在标准制定的过程中，如果只有少数大型企业或行业协会参与，就无法真正代表整个行业的需求和利益，容易导致标准的片面性和不全面性。

要解决技术标准和体系建设的瓶颈问题，需要从多个方面入手。一是加强产业间的合作与协同。不同行业之间应该加强沟通和合作，共同制定适合整个产业的技术标准，实现技术标准的统一和共享。二是推动政府与企业的合作。政府在技术标准和体系建设中应发挥引导和推动的作用，引导企业积极参与标准制定和体系建设，促进技术标准的快速、全面升级。三是注重开放和包容。在技术标准和体系建设的过程中，应充分倾听各方的意见和建议，避免标准的片面性和不全面性，使标准更具包容性和代表性。

在推动技术标准与体系建设的过程中，企业需要不断加强内部沟通与协作，建立起一个高效的标准制定机制，确保各项标准符合实际需求。同时，政府应积极制定政策支持措施，为企业提供更多的奖励与支持，激励其积极参与技术标准和体系建设工作。还需要加强产学研合作，充分调动学术界和科研机构的专业力量，推动技术标准与体系建设工作的不断完善。

在技术标准和体系建设的过程中，还需注重引进国际先进标准和经验，借鉴国外成功案例，不断提升我国的技术水平和竞争力。同时，要加强行业间的交流与合作，建立起高效的信息共享平台，促进不同行业之间的融合与合作，实现产业数字化转型的协同发展。还需要注重人才培养和技术创新，不断培养具有国际竞争力的技术人才，推动技术标准与体系建设工作朝着更加开放和包容的方向发展。

总的来说，只有通过各方的共同努力和合作，加强技术标准与体系建设工作，才能为我国产业数字化转型提供更好的支撑与保障，实现经济持续稳定增长和产业结构升级。希望各方能够积极参与技术标准与体系建设工作，共同推动产业数字化转型迈向更加美好的未来。

(三) 产业数字化升级的路径探索

产业数字化转型是当前全球经济发展的大势所趋，以数字技术为核心的经济模式正在深刻影响和改变传统产业的发展路径。在数字经济管理下，产业数字化升级的路径选择和策略至关重要，对于企业和国家的竞争力和可持续发展具有重要意义。

产业数字化转型应该以提升数字化技术应用为核心，通过信息化技术、物联网、人工智能等新一代数字技术，为传统产业注入新的动力和活力。以制造业为例，传统制造业应当加快推进数字化智能化转型，实现工业生产的智能化、柔性化和定制化，提高生产效率和产品质量。更加注重客户需求，建立面向客户的数字化生态系统，在产品设计、研发、生产、销售和服务等各个环节全面实现数字化管理和智能化运营。

产业数字化转型的发展方向需要紧密结合市场需求和技术发展趋势，积极探索新的商业模式和服务模式。在数字经济时代，个性化、定制化和共享经济已经成为产业发展的新趋势，传统产业需要加快创新步伐，积极探索新的商业机会和盈利模式。同时，注重数据资产的管理和运用，构建数据驱动的决策机制和业务流程，实现数据资产的最大化价值化。

再者，产业数字化升级的路径选择需要注重人才培养和组织变革。数字化技术的快速发展需要具备跨学科、跨领域综合能力的人才，企业应积极投入人才培养和技能提升，构建人才梯队，培养具有数字化创新意识和实践能力的员工。同时，在组织架构和管理模式上进行创新，建立促进信息共享和沟通的平台和制度，打破部门壁垒，推动组织内部的协同与创新。

产业数字化升级的路径探索需要企业积极拥抱数字经济时代的机遇和挑战，加强技术创新和管理创新，不断提升数字化转型的能力和水平。只有在数字化转型中不断探索和创新，找到适合自身发展的路径和策略，才能在数字经济时代中取得成功并实现可持续发展。

产业数字化升级是当前企业发展的必然选择。在面临数字经济时代的机遇和挑战下，企业需要不断加强技术创新和管理创新，以适应市场的需求变化。一个关键的因素是人才培养和组织变革。企业应当不断投入资源，培养具有数字化创新意识和实践能力的人才，打造高效的团队合作平台。同时，组织架构和管理模式也需要进行创新，打破部门壁垒，促进信息共享和沟通，推动组织内部的协同与创新。

除此之外，企业还应当加强与外部合作伙伴的协作，共同探讨数字化升级的路径选择。通过与行业内其他企业、科研机构以及政府部门的合作，共同研究行业发展趋势，探索产业数字化升级的最佳路径和策略。同时，企业还需要加强对市场需求的分析和预测，根据市场的变化及时调整数字化转型的策略，保持竞争优势。

在数字化转型过程中，企业要不断完善内部的数据管理体系，提升数据资产的最大化价值化能力。通过建立科学的数据分析模型和算法，实现对数据的深度挖掘和应用，为企业决策提供有力支持。同时，企业还应当重视数据安全和隐私保护，建立健全的数据安全管理制度，保障数据的合规性和可靠性。

产业数字化升级的路径探索是一个全方位的过程，需要企业从多个维度进行思考和行动。只有坚定不移地拥抱数字经济时代，积极投入人才培养和技术创新，持续探索和创新，企业才能在数字化转型中获得成功，并实现可持续发展。

(四) 创新机制构建与企业领导力

在数字经济时代，产业数字化转型已成为企业发展的必然选择。在这一过程中，构建创新机制和提升企业领导力变得尤为关键。创新机制能够为企业提供持续的创新动力和灵活的应对能力，而企业领导力则决定了企业的发展方向和速度。

创新机制的构建是企业数字化转型的基础。只有具备创新意识和机制的企业才能在数字经济时代立于不败之地。创新机制包括但不限于研发团队建设、技术创新投入和市场反馈机制等方面。通过建立创新团队，企业能够快速响应市场需求，提高产品或服务的差异化竞争力。同时，加大技术投入和加强市场反馈机制能够帮助企业更好地把握市场趋势，及时调整战略。

企业领导力在数字化转型中发挥着至关重要的作用。一位优秀的领导者能够为企业带来方向、动力和信心。他们能够带领团队应对各种挑战，在变革中实现价值创造。在数字经济时代，企业领导者更需要具备跨界整合能力、开放思维和远见卓识。只有这样，企业才能在激烈的竞争中脱颖而出，实现可持续发展。

因此，构建创新机制和提升企业领导力是企业数字化转型不可或缺的两个方面。在实际操作中，企业可以通过设立专门的创新项目组、加大对研发团队的投入、建立开放的创新文化来构建创新机制。同时，企业领导者可以通过不断学习和锻炼提升自己的领导力，激发团队的创新潜能，推动企业的数字化转型。

总的来说，在数字经济时代，产业数字化转型已成为企业生存与发展的关键。只有不断构建创新机制和提升企业领导力，企业才能在激烈的竞争中立于不败之地，实现可持续发展。希望未来，越来越多的企业意识到这一点，积极推动数字化转型，迎接数字经济时代的挑战与机遇。

在构建创新机制的过程中，企业需要不断鼓励员工提出新想法和创意。通过建立开放的沟通平台，促进不同部门之间的协作与交流，激发团队创新潜能。企业还可以积极引入外部高端人才，注重团队多元化，推动创新思维的碰撞与交流。

在提升企业领导力的过程中，领导者需要注重自身的学习与成长。他们应该不断拓展眼界，深入了解市场动态，及时调整战略规划。同时，通过培训和指导，帮助团队成员提升技能水平，激发他们的工作热情与创新潜力。领导者还应该树立榜样，以身作则，引领团队不断超越自我，实现企业数字化转型的目标。

在数字经济时代，企业数字化转型已经成为企业生存与发展的必然选择。只有通过不断创新和提升领导力，企业才能在市场竞争中立于不败之地，实现可持续发展。期待未来，越来越多的企业能够认识到创新机制和领导力的重要性，积极推动企业数字化转型，应对数字经济时代的挑战与机遇。愿企业在迎接数字化转型的征程中，取得更加辉煌的成就。

五、产业数字化转型的可持续发展

（一）环保与可持续产业发展

在数字经济管理下，产业转型与创新已成为企业发展的重要趋势。产业数字化转型的现状分析显示，企业正在积极应对数字化时代所带来的机遇与挑战。未来数字时代产业转型的发展方向是向着智能化、信息化和网络化方向发展，推动传统产业向着数字化转型。同时，产业数字化转型也面临着诸多挑战，如数据安全、人才培养等，需要企业积极应对。产业数字化转型的可持续发展不仅要注重经济效益，更需要将环保与可持续产业发展作为重要诉求，实现经济、社会和环境的协调发展。

随着社会的不断发展，环保与可持续产业发展已成为当今最为迫切的问题之一。在数字经济管理的背景下，企业应当积极投入环保科技的研发与应用，推动产业向着低碳、清洁的方向转型。只有通过不断改进生产工艺，减少资源消耗，才能实现绿色发展，保护地球环境。

同时，可持续产业发展也需要企业重视社会责任，关心员工福祉和社会福利。建立健全的员工激励机制，提升员工的工作满意度和生活质量，可以有效提高企业的生产效率和竞争力。企业还应当加强与社会各界的合作，推动环保意识的普及和可持续发展理念的传播，共同建设绿色、健康的生态环境。

环保与可持续产业发展是产业数字化转型的重要诉求之一，企业应当积极应对这一挑战，不断完善管理机制，创新技术手段，实现经济、社会和环境的可持续发展，为建设美丽中国做出应有的贡献。愿我们共同努力，共同为实现绿色、可持续发展贡献力量。

(二) 社会责任与企业可持续经营

数字经济时代的产业转型对企业经营提出了更高的要求，企业需要在数字化转型的过程中不断注重社会责任和可持续经营。企业在数字化转型中应当积极履行社会责任，推动可持续经营，实现双赢局面。企业要以社会责任为己任，以公益为己任，更好地履行企业社会责任，实现企业的可持续经营目标。企业要注重资源的合理利用，推动经济的可持续发展。企业要重视员工的发展和福利，创造更好的工作环境和生活条件。企业要积极参与社会公益活动，回馈社会，传递正能量。企业应当加强与各界的沟通和合作，形成合力，促进社会的和谐发展。企业要注重环境保护，推动绿色发展，推动数字经济的可持续发展。企业应当不断创新，推动科技发展，推动数字经济时代的产业转型和升级。企业要加强自身管理，提高企业效益和竞争力，实现可持续发展的目标。企业应当树立良好的企业形象，树立良好的企业文化，树立良好的企业信誉。企业要不断提高自身综合实力，提高自身核心竞争力，实现企业可持续发展的目标。企业要善待员工，善待社会，善待自然，实现企业的可持续经营，实现社会的可持续发展。

在当今社会，企业作为社会的重要组成部分，承担着巨大的责任和使命。除了追求经济效益外，企业还应当积极参与社会公益活动，回馈社会，传递正能量。同时，企业应当关注环境保护，倡导绿色发展，为推动数字经济的可持续发展贡献力量。企业还应当不断推动科技创新，促进数字经济时代的产业转型和升级，提高自身的核心竞争力。企业管理者应当注重员工发展和福利，创造更好的工作环境和生活条件，实现员工和企业共赢的局面。企业还应当加强与各界的沟通和合作，形成合力，促进社会的和谐发展。在实现企业可持续发展的同时，树立良好的企业形象、企业文化和企业信誉，提高企业的综合实力，为社会的可持续发展贡献力量。企业应当注重善待员工、社会和自然，实现企业的可持续经营，推动社会的可持续发展。企业的责任重大，但只有秉持社会责任理念，才能实现企业的可持续发展和社会的和谐繁荣。愿所有企业都能在社会责任和可持续经营的道路上不断前行，共同创造美好的未来。

(三)产业数字化发展的社会效益评估

数字经济时代的兴起已经改变了传统产业的发展方式。在数字经济管理下,产业数字化转型已成为当今发展的必然趋势。未来数字时代,产业转型将继续向着更加数字化、智能化和可持续化的方向发展。然而,产业数字化转型依然面临着诸多挑战,需要针对性地应对,以实现可持续发展。

产业数字化转型的现状分析显示,随着信息技术的飞速发展,许多传统产业已经开始进行数字化转型。大数据、云计算、人工智能等新技术的广泛应用,让产业的生产、管理、营销等方面变得更加高效、智能化。然而,数字化转型也暴露出诸多问题,如数据安全、人才不足、政策风险等,需要进一步加以解决。

未来数字时代,产业转型的发展方向将更加注重数字技术的应用和创新。人工智能、物联网、区块链等新技术将会不断渗透到产业转型过程中,推动产业变革和创新。同时,产业数字化转型的成功离不开政府、企业和社会各方的共同努力,需要形成多方合作的协同机制,促进数字产业的可持续发展。

在面对产业数字化转型带来的挑战时,企业需要不断提升自身的数字化能力和创新能力,积极应对技术、市场和政策等多方面的风险。同时,政府也需加大政策支持力度,为数字产业的发展创造良好的营商环境,促进数字经济的发展。只有在共同努力下,产业数字化转型才能够取得可持续发展。

产业数字化发展的社会效益评估至关重要。数字经济时代的产业转型不仅是为了提升产业效率和创新能力,更是为了实现社会效益的最大化。因此,需要通过科学的评估方法,综合考虑产业发展对就业、环境、社会公平等方面的影响,从而实现数字经济的双赢局面。

数字经济管理下的产业发展与创新已成为未来的主题。产业数字化转型虽面临挑战,但也蕴藏着巨大的发展机遇。只有加强合作、创新和可持续发展,才能共同迎接数字时代带来的机遇和挑战,推动产业数字化转型迈向更加光明的未来。

在当前数字经济时代,产业数字化发展已成为各国经济发展的必然趋势。产业数字化转型不仅可以提升企业竞争力,还可以为社会创造更多就业机会。同时,数字化转型也会对环境产生积极影响,推动绿色、可持续发展。在政府的政策支持下，企业可以更好地利用数字技术，提高生产效率，降低成本，实现可持续增长。

除了为企业带来经济效益，产业数字化发展还可以促进社会公平。数字化转型可以打破地域和行业的限制，让更多的人参与到经济发展中来。同时，数字化技术的不断创新也为社会提供更多便捷、高效的服务，提升人们的生活品质。

在评估产业数字化发展的社会效益时，我们需要从多个角度进行综合考量。除了对经济效益的评估，还需要考虑数字化转型对社会结构和文化的影响，以及对人们生活方式的改变。只有这样，才能实现数字经济的双赢局面，让产业数字化转型真正造福于全社会。

在未来的发展中，产业数字化发展必将成为各国经济的重要动力。只有加强合作、创新和可持续发展，各方才能共同迎接数字时代带来的机遇和挑战。通过不懈努力，推动产业数字化转型朝着更加光明的未来迈进。

（四）制度建设与数字化智库支持

在数字经济快速发展的背景下，产业数字化转型已成为当今大势所趋。数字经济管理下的产业发展与创新已经成为各国政府和企业关注的焦点。数字化转型的现状分析表明，各行业都在积极探索数字化转型的路径，通过技术创新、数据驱动和智能化应用，提升生产效率和产品质量，加速业务模式创新和产业升级。

未来数字时代产业转型的发展方向将更加注重数字化技术与产业深度融合，推动传统产业向数字化、网络化、智能化方向转变。同时，产业数字化转型也将面临诸多挑战，包括技术壁垒、人才短缺、数据安全等问题。为了有效应对这些挑战，企业和政府需要加强合作，共同推动数字化转型，不断完善相关制度建设，提升数字智库支持的效能，推动产业数字化发展的可持续性。

制度建设与数字化智库支持有助于优化资源配置，提升生产效率，促进产业结构优化升级，推动数字经济管理与发展的创新。数字化时代下的制度建设和数字智库的支持，将为产业数字化转型提供更多前沿信息和技术支持，推动企业全面提升数字化转型能力，实现产业可持续发展。从长远来看,制度建设和数字化智库支持将助力各行业实现产业数字化转型,提升市场竞争力,实现经济可持续发展。

数字化时代的制度建设和数字智库支持,将成为企业和政府合作共同推动产业数字化转型的关键支撑。在日益激烈的市场竞争下,企业需要以更加开放、创新的态度应对挑战,不断完善制度建设,利用数字智库的支持来优化资源配置,提升生产效率。

数字化转型并非一蹴而就,需要面对诸多挑战,如技术壁垒、人才短缺、数据安全等问题。在这样的背景下,制度建设和数字智库的支持将为企业提供更多前沿信息和技术支持,帮助企业全面提升数字化转型能力,实现产业可持续发展。

随着数字化时代的不断发展,制度建设和数字智库的支持将成为各行业实现产业数字化转型的必备条件。通过不断加强合作,共同推动数字化转型,企业将能够提升市场竞争力,实现经济可持续发展。

在未来的发展中,制度建设和数字智库的支持将继续发挥重要作用,助力企业实现数字化转型的全面升级。只有不断创新,不断完善制度建设,并依托数字智库支持,企业才能在数字化时代中立于不败之地,实现产业的可持续发展。

(五)产业数字化转型的全球视野

数字经济时代的到来,带来了全球范围内产业数字化转型的浪潮。各国企业纷加快步伐,积极应对数字化转型的机遇和挑战。在全球市场竞争日益激烈的背景下,产业数字化转型成为企业实现可持续发展的关键。然而,产业数字化转型的现状分析显示,不同国家、不同产业面临的情况各异,面临的挑战也各有不同。

未来数字时代产业转型的发展方向呈现出多样化和多元化的趋势,企业需要根据自身情况和市场需求,灵活调整战略方向,抓住数字经济风口,实现产业升级和转型。同时,对于产业数字化转型的挑战与应对,企业需深入分析市场需求和技术趋势,强化创新意识,提升技术研发能力,加强人才引进和培养,拓展国际市场,拥抱全球化竞争。

产业数字化转型的可持续发展需要企业在整个价值链上进行持续优化

和创新，加强与供应链、产业链的合作与协同，实现资源共享和效益最大化。在面对全球市场的竞争压力时，企业需要以全球视野来审视自身发展，及时调整战略，顺势而为，推动企业持续发展，实现全球市场的拓展和合作。在数字经济时代，产业数字化转型的全球视野不仅是企业发展的需要，也是企业在全球市场竞争中保持竞争优势的重要保障。

产业数字化转型是企业在数字经济时代的必然选择。在全球市场竞争激烈的环境下，企业需要始终保持敏锐的市场洞察力和灵活的战略调整能力。除了加强技术研发能力和人才引进培养之外，企业还应当注重建立和拓展国际合作伙伴关系，以拓展全球化竞争的深度和广度。供应链和产业链的合作与协同是实现资源共享和效益最大化的关键，企业应当积极参与全球产业合作，共同推动数字化转型的实现。

同时，产业数字化转型的全球视野也需要企业注重与全球市场的互动和融合。通过加强国际市场的了解和拓展，企业可以更好地把握全球市场的发展动态，及时调整战略方向，顺势而为。在数字经济时代，产业数字化转型已经成为企业获取竞争优势的关键手段之一，而全球视野则是企业在全球化竞争中保持领先地位的核心竞争力。

在未来的发展中，企业应当不断强化创新意识，推动数字化转型在整个价值链上的持续优化和创新。只有不断加强与全球市场的紧密联系与合作，企业才能在全球化竞争中保持竞争优势，实现产业升级和转型的可持续发展。产业数字化转型的全球视野不仅是企业发展的需要，也是企业在全球市场中谋求突破和发展的必由之路。愿企业在抓住数字经济风口的同时，勇敢拥抱全球化竞争，走向更加辉煌的未来。

第三节 未来数字经济时代的产业生态构建

一、数字经济下的产业生态系统

（一）生态闭环构建与资源共享机制

在数字经济时代，产业数字化转型已成为必然趋势。数字化转型的现状及未来发展方向值得深入探讨。产业数字化转型所面临的挑战也是不可忽视的,但只有克服这些挑战,才能实现可持续发展。未来数字经济时代的产业生态构建将起到至关重要的作用,构建生态闭环并建立资源共享机制将成为发展的关键。

在数字经济时代,产业数字化转型已是大势所趋。数字化转型的现状及未来方向皆值得深入研究。产业数字化转型所面对的挑战亦不可轻视,而只有跨越这些挑战,我们才能真正实现可持续发展。未来数字经济时代的产业生态构建将扮演至关重要的角色,生态闭环的建立以及资源共享机制的确立将成为发展进程中不可或缺的关键。在这一背景下,各行各业需不断加强各种资源间的联系与合作,形成更加紧密的共享网络,以实现资源的最大化利用和共同发展。通过不同企业之间资源的整合和共享,我们将能够更快更好地推动产业的数字化转型,提高整体效益和创新力。同时,构建生态闭环将有助于减少资源的浪费,降低环境负担,实现可持续发展的目标。资源共享机制的建立也将促进各方的共同发展和繁荣,为整个产业链的发展打下坚实基础。因此,在数字经济时代,我们需要更加积极地推动生态闭环建设,加强资源共享的机制,实现产业的可持续发展,创造更加繁荣美好的未来。

(二)科技创新与产业生态协同

数字经济时代的到来,推动了产业数字化转型的加速发展。在这一背景下,产业数字化转型的现状分析变得尤为重要。同时,也需要对未来数字时代产业转型的发展方向进行深入思考。产业数字化转型面临着诸多挑战,但也有着应对的方法和策略。可持续发展成为产业数字化转型的重要指导原则。未来数字经济时代的产业生态构建将成为产业发展的关键所在。数字经济下的产业生态系统将以全新的面貌呈现,科技创新与产业生态协同将成为产业发展的核心驱动力。

数字经济时代的到来,不仅推动了产业数字化转型的加速发展,也催生了新的商业模式和产业生态格局。在这个数字经济的浪潮中,科技创新成为了产业发展的关键因素,各行各业加速转型升级,不断探索新的商业机会。产业数字化转型不仅是简单地将传统产业数字化,更重要的是要深度融合科技创新,打造全新的产业生态系统。

在产业数字化转型的过程中，企业需要不断地创新，把握市场需求，迎合消费者的个性化和多样化需求。同时，产业发展也需要注重生态平衡，推动绿色可持续发展。数字经济时代的产业生态构建将呈现出更加复杂和多元的特征，各产业之间相互渗透、相互融合，形成更加紧密的合作关系。

科技创新与产业生态协同将成为未来产业发展的核心驱动力，通过不断地跨界合作和创新，企业能够更好地应对市场变化和竞争压力。在数字经济时代，企业要加强与科研机构、行业协会等多方合作，共同推动产业数字化转型的深入发展，共同搭建数字经济时代的产业生态系统。

未来，随着数字技术的不断革新和产业生态的持续演化，产业数字化转型将不断向前推进，为经济发展注入新动力。企业需要积极适应数字经济新格局，加快转型升级步伐，抓住机遇，迎接挑战，实现产业发展的可持续增长。科技创新和产业生态协同发展，必将为未来产业带来更广阔的发展空间，为经济社会的可持续发展贡献力量。

(三) 产业生态链九要素构建

数字经济时代的产业生态系统是一个复杂而又互相关联的网络，其构建需要考虑到各个要素之间的相互作用和影响。在这个系统中，有九个关键要素是不可或缺的，它们是：数据资源、数字化技术、数字化人才、数字化营销、数字化供应链、数字化服务、数字化投融资、数字化政策和数字化风险管理。

数据资源是产业生态链的基石。数据资源是数字化经济的核心，它包括各种类型的数据，如用户数据、市场数据、产品数据等。这些数据是产业运作和决策的基础，能够为企业提供洞察和启发，帮助企业更好地了解市场需求和行业趋势。

数字化技术是产业生态链的驱动力。数字化技术包括云计算、大数据、人工智能、物联网等技术，它们可以帮助企业提升效率、降低成本、优化管理，并推动创新和发展。

第三，数字化人才是产业生态链的核心。数字化时代需要具备数字化技能和素养的人才，他们能够应对快速变化的市场环境，利用数字化技术提升企业竞争力，推动产业发展。

第四，数字化营销是产业生态链的重要环节。数字化营销利用互联网和数字化技术，通过精准的定位、个性化的推广，提升品牌知名度和销售额，实现营销效益最大化。

第五，数字化供应链是产业生态链的基础。数字化供应链通过信息化、智能化技术，优化供应链管理，提高生产效率，降低成本，改善供应链的灵活性和可持续性。

第六，数字化服务是产业生态链的关键。数字化服务通过在线服务、移动应用等方式，提供更加便捷、高效的服务，满足用户需求，提升用户体验，促进企业发展。

第七，数字化投融资是产业生态链的支撑。数字化投融资利用互联网和数字化技术，优化资金流动和资金管理，降低融资成本，提高融资效率，促进产业发展。

第八，数字化政策是产业生态链的保障。数字化政策通过法律法规、政策措施，规范数字经济发展，保护企业权益，推动数字化经济健康发展。

数字化风险管理是产业生态链的重要组成部分。数字化风险管理通过风险评估、防范和控制，保障企业信息安全，降低业务风险，提升企业抗风险能力。

产业生态链的九大要素相互联系、互为依存，构成了一个完整的产业生态系统。只有充分发挥各要素的作用，协同配合，才能实现数字经济时代产业发展与创新的目标。在未来的数字经济时代，随着技术的不断创新和变革，产业生态链也将不断演进和完善，为产业发展注入新的活力和动力。

产业生态链的九大要素构建了一个完整的产业生态系统，各要素之间相互联系、互为依存。除了资金流动和资金管理、数字化政策和数字化风险管理外，还需要考虑人才培养和团队建设、市场需求和产品创新、合作伙伴和供应链管理等方面。人才是推动产业发展的核心动力，团队的凝聚力和创新能力是企业持续发展的关键。市场需求和产品创新紧密相连，只有不断满足市场需求、推出具有竞争力的产品，企业才能在市场竞争中立于不败之地。

在数字经济时代，合作伙伴和供应链管理也至关重要。企业需要与各方建立良好的合作关系，共同发展、共同分享成果。同时，优化供应链管理，提高供应链效率和灵活性，有助于降低成本、提高服务质量，增强市场竞争力。产业生态链的九大要素不仅是各个独立存在的要素，更是一个相辅相成的整体，只有协同配合，整体发挥作用，才能实现产业发展与创新的目标。

未来的数字经济时代，技术将不断创新和变革，这也将对产业生态链构建提出更高要求。企业需要不断学习和适应新技术，拥抱变化，才能在竞争激烈的市场中立于不败之地。产业生态链的完善和演进需要企业不断探索和实践，创新思维和勇于变革，才能为产业发展注入新的活力和动力。只有不断完善和优化产业生态链，企业才能在数字经济时代立于不败之地，实现可持续发展。

（四）产业生态规划与发展路径

产业生态规划是数字经济时代促进产业发展和创新的重要手段。在数字经济的浪潮下，传统产业已经面临着巨大的挑战和变革，而产业生态规划的制定则可以为企业提供方向和路径，帮助其在激烈的市场竞争中立于不败之地。

产业生态规划可以帮助企业把握市场趋势和行业动态，及时调整产业结构和发展战略。通过深入研究市场需求和竞争对手的动态，企业可以更好地制定战略规划，提前做好准备，抓住机遇，应对挑战。

产业生态规划可以推动产业向数字化转型，提升产业发展的效率和竞争力。通过整合数字技术和信息化资源，企业可以实现生产过程的智能化和自动化，提高生产效率和产品质量，降低成本，增加利润。

产业生态规划可以推动各个企业之间的合作与共赢，形成产业生态系统，促进产业集群的形成和发展。在产业生态系统中，企业可以互相合作，资源共享，共同发展，实现产业链的优化和协同效应的最大化。

产业生态规划也可以促进企业的可持续发展，实现经济效益和社会效益的双赢。通过制定可持续发展的产业生态规划，企业既可以实现经济效益的最大化，又可以实现环境和社会责任的兼顾，实现可持续经营的目标。

产业生态规划是当前推动企业发展的重要战略工具之一。通过产业生态规划，企业可以更好地了解市场需求，优化资源配置，提高产业链的协同效应，从而实现更高效的生产与服务。产业生态规划不仅有助于企业内部的协同合作，还可以促进企业之间的交流与合作，打破产业壁垒，形成更加稳固和有活力的产业生态系统。

在产业生态规划的指导下，企业可以更好地协调内部资源，建立起适应市场变化和全球竞争的灵活机制。同时，产业生态规划也可以帮助企业树立可持续发展的理念，注重环保和社会责任，实现经济效益与社会效益的双赢。只有通过制定科学可行的产业生态规划，企业才能更好地应对外部环境的挑战，实现长期稳定的发展。

未来数字经济时代，随着科技的发展和市场的变迁，产业生态规划将扮演越来越重要的角色。企业需要不断创新，不断调整产业结构，适应新技术和新趋势，与时俱进。通过产业生态规划的引领，企业可以更好地把握机遇，化挑战为机遇，实现可持续发展的目标。产业生态规划将成为企业在市场竞争中的利剑，帮助企业走向成功和繁荣的道路。

二、产业数字化转型的生态建设

（一）数字经济生态环境下的产业布局

数字经济时代对产业布局产生了深远影响。在数字经济生态环境下，产业的发展和创新受到了诸多挑战和机遇的影响。一方面，数字技术的快速发展为传统产业带来了全新的发展机遇，使得企业可以通过数字化技术实现生产过程的智能化和精细化管理，提高生产效率和产品质量。另一方面，数字经济的快速发展也意味着产业面临着来自国内外新兴科技企业的竞争，传统产业在数字化转型过程中需要应对市场变化、技术更新等挑战。

数字经济生态环境也为产业布局提供了新的思考。以互联网、大数据、人工智能等为代表的数字化技术正在改变着产业的结构和组织形式，推动着传统产业向智能制造和服务型产业转型。数字经济时代下，产业发展不再是简单的生产制造，更多的是基于数据和技术的创新和服务型发展。在数字经济生态环境下，产业不再受限于地理位置和传统产业链条，通过数字化技术，企业可以实现全球资源整合和创新合作，打破传统产业的地域限制，实现更加高效的产业组织模式。

第五章　结论与未来展望：数字经济时代的产业转型

数字经济时代的产业生态构建也对企业的管理和运营提出了更高要求。在数字经济生态环境下，企业需要更加注重数据资产的管理和价值挖掘，建立起数字化的管理体系和创新机制，提高企业的竞争力和市场适应性。同时，数字经济时代也加速了企业之间的合作和共享，企业需要更加注重生态合作，构建起更加开放和共赢的合作模式。

随着数字经济时代的到来，产业数字化转型已经成为企业的必然选择。未来，随着数字技术的不断创新和应用，产业将会迎来更多的发展机遇和挑战。只有紧跟数字经济的发展潮流，将数字化转型作为企业战略的重要组成部分，通过不断创新和合作，才能在数字经济时代实现可持续发展和长期竞争力。在数字经济时代，企业需要不断调整发展战略，加快产业数字化转型步伐，适应新的市场环境和消费趋势，实现产业生态和数字经济的有机融合。

在数字经济生态环境下的产业布局中，企业需要更加注重数据资产的管理和价值挖掘，以建立起数字化的管理体系和创新机制，从而提高企业的竞争力和市场适应性。同时，数字经济时代也加速了企业之间的合作和共享，企业需要更加注重生态合作，构建起更加开放和共赢的合作模式。

随着数字经济时代的到来，产业数字化转型已经成为企业的必然选择。未来，随着数字技术的不断创新和应用，产业将会迎来更多的发展机遇和挑战。只有紧跟数字经济的发展潮流，将数字化转型作为企业战略的重要组成部分，通过不断创新和合作，才能在数字经济时代实现可持续发展和长期竞争力。

在数字经济时代，企业需要不断调整发展战略，加快产业数字化转型步伐，适应新的市场环境和消费趋势，实现产业生态和数字经济的有机融合。这将为企业带来更广阔的市场空间和创新机遇，同时也会面临着更复杂的市场竞争和技术挑战。因此，企业需要不断加强内部创新能力和外部合作关系，拓展数字化业务模式和服务范畴，以更好地适应和引领数字经济时代的发展趋势。

在未来的数字经济生态环境下，企业需要以开放的心态积极融入产业生态圈，促进各方资源共享和优势互补。只有实现了企业间的紧密合作与共赢共生，才能在数字经济时代中立于不败之地，不断创造新的商业价值和市场机会。因此，企业需要注重建立良好的合作关系，拓展数字化转型的深度和广度，不断提升自身的竞争力和创新能力，实现在数字经济时代的可持续发展和长期成功。

(二) 产业链上下游产业生态布局

在数字经济时代，产业链上下游产业生态布局的重要性不言而喻。随着数字化技术的不断发展和应用，产业链各环节之间的关联日益紧密，形成了一个相互依存、相互支撑的生态系统。在这样的生态系统中，每个环节都扮演着至关重要的角色，只有各个环节相互配合、协同发展，产业才能保持续稳健的增长。

产业链上游的原材料供应商是产业发展的基础。只有稳定、高质量的原材料供应，才能保证生产环节的顺利进行。在数字化转型的背景下，原材料供应商需要不断提升自身的数字化能力，加强与下游企业的信息共享和协作，以适应市场需求的变化和产业链上下游之间信息传递的高效性。

产业链中游的生产环节承担着产品加工、制造的任务。在数字经济时代，中游企业需要不断提升自身的智能制造水平，实现生产过程的自动化、智能化，提高生产效率和产品质量。同时，中游企业还要与上游原材料供应商和下游销售渠道保持良好的合作关系，实现全产业链的优化协同。

产业链下游的销售环节是产业链的"最后一公里"，直接面对消费者。在数字化转型的浪潮下，下游企业需要加强市场信息的收集和分析，以更好地洞察消费者需求，实现产品的个性化定制和精准营销。与此同时，下游企业还需要借助数字技术拓展销售渠道，提升售后服务水平，实现与消费者之间的良好互动和持续关系维护。

产业链上下游产业生态布局的重要性不可忽视。只有各个环节密切合作、相互支持，才能实现产业的持续创新和发展。数字化转型为产业链上下游带来了前所未有的机遇和挑战，只有不断调整自身的发展策略，适应数字化时代的发展趋势，才能在激烈的市场竞争中立于不败之地。在未来数字经济时代，产业链上下游产业生态布局将继续发挥重要作用，在全球经济一体化的背景下，各个环节之间的协同发展将成为产业发展的主题。

在当今数字经济时代，产业链上下游产业生态布局的重要性愈发凸显。

随着消费者需求的多样化和个性化，下游企业需要不断提升自身竞争力，加强市场营销和产品服务的品质，以赢得消费者的青睐。同时，借助数字技术的力量，下游企业可以实现从传统销售模式向线上线下多渠道全方位发展，满足消费者多样化的购物需求。售后服务的重要性也愈发凸显，通过及时响应和解决消费者的问题，维护消费者间的互动和建立持久的合作关系。

产业链上下游的密切合作与协同发展，是实现产业链持续创新和发展的关键。只有不断调整发展策略，适应数字化时代的变革浪潮，企业才能在激烈的市场竞争中立于不败之地。数字化转型为企业带来了前所未有的机遇和挑战，只有不断提升自身的核心竞争力，把握市场趋势，才能实现企业的可持续发展。

在未来，产业链上下游产业生态布局将继续扮演重要角色。随着全球经济一体化的深入发展，各个环节之间的协同发展将成为产业发展的主题。企业需要密切关注市场变化，灵活应对，不断创新，才能在激烈的市场竞争中立于不败之地。产业链上下游产业生态布局的重要性，将在未来继续凸显，引领产业链的持续健康发展。

(三) 产业生态管理与监控机制

产业数字化转型的生态建设需要建立健全的产业生态管理与监控机制，以实现产业的可持续发展。在数字经济时代，产业生态管理已成为企业发展的重要战略。通过建立产业生态管理和监控机制，可以更好地协调产业链上下游的合作，优化资源配置，提高生产效率，实现整个产业链的协同发展。

产业生态管理需要通过数字化技术来构建数据共享平台，实现信息的实时传递和沟通。通过数据分析和挖掘，可以更好地了解产业链中各个环节的运作情况，发现问题并及时解决。同时，产业生态管理还需要借助智能化技术，实现生产过程的智能监控和管理，提升企业的生产效率和竞争力。

监控机制在产业数字化转型中起着至关重要的作用。通过建立监控机制，可以实现对产业链各环节的实时监控，及时发现并解决生产中的问题，保障产业链的稳定运行。监控机制还可以通过数据分析和预测，提前发现潜在风险，降低生产过程中的不确定性。

在建立产业生态管理与监控机制的过程中，企业需要不断优化管理体系，提升员工的数字化技能和管理水平。只有不断学习和创新，才能适应数字经济时代的发展需求，实现产业的持续发展与创新。

总的来说，产业数字化转型已经成为未来产业发展的必然趋势。通过建立健全的产业生态管理与监控机制，可以更好地实现产业链的协同发展，提高企业的竞争力，推动产业的可持续发展。在数字经济时代，企业需要不断创新，适应市场变化，不断提升自身的竞争力，实现产业的转型升级，迎接数字时代的挑战与机遇。

（四）产业生态风险管理与评估体系

产业生态风险管理与评估体系的建立对于数字经济时代的产业发展与创新至关重要。在数字经济下，企业面临着更加复杂、多变的经济环境和竞争市场。因此，对于产业生态风险的管理和评估成为了必不可少的一环。

产业生态风险管理是可以帮助企业识别、评估和管理可能影响产业发展和创新的各种风险因素，包括市场变化、技术变革、政策调整等。通过建立风险管理体系，企业能够更好地应对潜在风险，确保产业运行的可持续性和稳定性。同时，评估风险的影响和概率也有助于企业制定相应的风险规避和缓解策略，提升产业的抗风险能力。

产业生态风险评估体系的建立对于产业创新和转型也有着重要意义。在数字经济时代，产业创新是推动产业发展和提升竞争力的关键。通过对产业生态风险的评估，企业可以更好地把握市场机会、规避潜在风险，为创新提供更有力的支持和保障。而且，评估体系的建立也能够帮助企业更好地把握数字技术应用的时机和方向，实现产业的升级和转型。

产业生态风险管理与评估体系的建立对于数字经济时代的产业发展与创新有着重要的影响。随着数字经济时代的到来，企业需要在产业转型升级的道路上不断探索创新，积极应对各种风险挑战。只有通过建立完善的风险管理与评估体系，企业才能更好地应对外部环境的变化，确保产业的可持续发展和生态建设。在未来的数字经济时代，产业生态风险管理与评估体系将成为企业发展的重要支撑，为产业转型和创新提供有力支持。

在数字经济时代的浪潮中，产业生态风险管理与评估体系的重要性愈发凸显。企业需要不断适应市场变化，把握机遇，规避风险，才能在激烈的竞争中立于不败之地。通过建立健全的评估体系，企业可以更准确地洞察市场需求，突出竞争优势，实现创新和升级。

产业生态风险管理并非一蹴而就，需要企业不断地优化和强化。只有不断地与市场同频共振，不断地进行风险评估和管理，企业才能在激烈的市场竞争中立于不败之地，保持可持续发展的动力。在数字技术快速崛起的今天，企业需要顺势而为，及时调整战略方向，抢占先机，才能在激烈的市场竞争中占据领先地位。

建立产业生态风险管理与评估体系不仅在于应对外部环境的挑战，更在于企业内部的协调与创新。只有把握自身的核心竞争力，挖掘潜在的风险点，并寻找解决方案，企业才能持续保持竞争优势，实现良性发展。

在数字经济时代，产业生态风险管理与评估体系的建立将成为企业的重要战略。只有不断地优化体系，顺势而为，才能够应对未来的市场挑战，实现产业转型与升级，赢得更广阔的发展空间。企业应深入理解并积极实践产业生态风险管理与评估体系，不断开拓创新，迎接数字经济时代的挑战。

(五) 产业生态创新与可持续发展

产业生态创新是数字经济时代产业发展与创新的重要方向。在数字经济管理的框架下，产业生态创新不仅涉及到企业之间的合作与协同，更重要的是要考虑在数字化转型过程中如何实现可持续发展。产业生态创新所带来的影响是深远的，它不仅可以促进产业间的跨界合作，实现资源共享，还能够推动整个产业链的升级和转型。

数字经济时代的产业转型已经带来了巨大的变革，企业的竞争力不再仅取决于资源、规模和技术，更取决于创新、灵活性和生态环境的构建。产业生态创新在这一背景下显得尤为重要，它的目标不仅是提高单个企业的竞争力，更是要推动整个产业链的可持续发展。

在产业数字化转型的过程中，企业面临着诸多挑战，比如技术更新换代的压力、数据安全的隐患、人才培养的需求等。如何应对这些挑战，实现产业的数字化转型是一个亟待解决的问题。产业生态创新提供了一个新的思路，通过构建开放、共享、合作的生态系统，实现产业链上下游的协同发展，共同应对挑战，推动产业的持续发展。

产业数字化转型的可持续发展，不仅是要追求经济利益的最大化，更要考虑到环境、社会和人类发展的和谐。数字经济时代正在重塑着产业生态的格局，传统的竞争模式已经无法适应新的发展需求。产业生态创新作为产业转型的重要命题，需要企业和政府共同努力，探索出一条既符合市场规律又能实现可持续发展的道路。

未来数字经济时代的产业生态构建将更加注重可持续发展和利益共享。企业间的合作将不再局限于利益输送，而是要建立起一种互利共赢的合作关系，实现资源、技术、市场的共享。只有在这样的产业生态系统中，才能实现产业链的稳定发展，推动整个产业向着更高水平迈进。

产业数字化转型的生态建设需要更多的创新思维和跨界合作，只有通过不断探索和实践，才能找到适合自身发展的道路。产业生态创新与可持续发展之间的关系是紧密相连的，只有在可持续的基础上才能实现持久的发展。未来的产业发展与创新将更加注重整体效益的提升，建立起一个融合了数字技术、创新思维和可持续发展理念的产业生态系统。

在新时代的数字经济浪潮中，产业生态创新和可持续发展的路径已经变得更加明晰。企业们需要以开放的心态进行合作，积极分享资源、技术和市场，共同推动全产业链的协同发展。只有通过不断的创新和跨界合作，才能在激烈的市场竞争中立于不败之地。

未来的产业数字化转型将需要企业致力于构建全方位的合作伙伴关系，共同探索未知领域，寻找适合自身发展的道路。在这一过程中，企业不仅要关注自身利益，更要考虑到对整个产业生态系统的影响，努力实现可持续发展的目标。

产业生态的创新与可持续发展之间的关系密不可分，只有在可持续的基础上，产业才能实现长久的繁荣。未来，数字技术将成为推动产业创新的重要力量，企业们需要不断引入新技术、新理念，打破传统的发展壁垒，搭建起一个融合创新和可持续发展的产业生态系统。

在这个充满机遇和挑战的时代，企业应该以开放的胸怀拥抱变革，敢于尝试不同的合作模式和商业模式，努力实现产业链高效协同。只有在与伙伴们紧密合作的基础上，才能实现可持续的发展，走出一条融合市场规律和可持续发展理念的新兴产业道路。

三、产业数字化生态协同发展

(一) 产业生态共建与共享

在数字经济时代,产业数字化转型已经成为大势所趋。随着信息技术的飞速发展,越来越多的企业开始意识到数字化转型的重要性,以适应日益激烈的市场竞争。产业数字化转型不仅可以提升企业的生产效率和降低成本,还可以创造全新的商业模式和增加收入来源。

在当前数字经济浪潮下,产业数字化转型已经成为企业生存与发展的关键。通过加速数字技术和传统产业的融合,企业可以实现从传统经济向数字经济的转型。数字化转型将带来产业结构的深刻变革,促进产业升级和创新,推动整个经济体系的转型升级。

未来数字时代的产业转型将主要体现在以下几个方面:产业将向数字化、智能化发展,推动产业链上下游企业实现全面数字化转型。产业生态将更加开放和共享,推动产业链各个环节更紧密地合作共赢。产业将更加强调可持续发展和环保理念,推动企业积极履行社会责任,实现经济可持续增长和社会可持续发展。

当然,在产业数字化转型的过程中,也会面临诸多挑战。数字化转型需要企业具备一定的技术能力和资金投入,不是一蹴而就的过程。数字化转型可能会对企业原有的组织结构和管理模式提出挑战,需要企业开展全面的变革。数字化转型也可能引发新的竞争格局和市场规则,企业需要及时调整战略和应对市场变化。

为了实现产业数字化转型的可持续发展,企业需要不断优化自身业务模式,加强技术创新和人才培养,不断提升竞争力。同时,政府部门也应积极制定相关政策法规,为企业提供良好的营商环境,促进数字经济的健康发展。

未来数字经济时代的产业生态将会更加多元化和开放化。产业数字化生态将不再是各个企业孤立发展,而是建立在共建与共享的基础上,实现企业间资源共享、信息共享、合作共赢。通过建立产业平台、开放数据共享和互联互通,可以实现全产业链的协同发展,实现产业生态的共建与共享。

数字经济时代的产业转型正在加速推进，企业和政府都应积极应对挑战，把握机遇，共同推动产业数字化转型向更高水平迈进。只有不断创新、持续改进，才能在激烈的竞争中立于不败之地，实现可持续发展的目标。希望未来产业生态能够更加繁荣，为经济社会发展注入新的活力和动力。

在未来数字经济时代，企业和政府将需要紧密合作，共同推动产业生态的建设。产业生态共建与共享的理念将成为主流，企业间将建立更加紧密的合作关系，共同应对市场挑战。同时，政府也将积极扮演引导者的角色，制定相关政策法规，为企业提供更加良好的发展环境。

在产业数字化生态的框架下，企业可以通过共享资源和信息，实现更高效的生产和运营。数字化技术的应用将促进企业之间的合作和协同，推动产业链的整体升级和优化。同时，开放数据共享和互联互通也将成为产业发展的重要基石，促进产业间的信息流动和资源共享。

随着数字经济的快速发展和产业结构的深度调整，企业将不断面临新的挑战和机遇。只有通过持续创新和改进，企业才能在竞争激烈的市场中立于不败之地，实现可持续发展的目标。产业数字化转型不仅是企业的必然选择，也是推动整个产业发展的关键因素。

期待未来产业生态能够更加繁荣，为经济社会发展注入新的活力和动力。通过产业生态共建与共享的方式，我们有信心实现数字经济时代产业发展的新突破，共同开创产业发展的美好前景。愿未来的产业生态充满活力、创新和共享，为实现经济可持续发展注入强大动力。

(二) 产业数字化生态平台建设

在数字经济时代，产业数字化转型的现状分析显示，各行业都在不断探索数字化发展路径，加速推进产业的信息化、智能化、网络化和数字化建设。未来数字时代的产业转型将更加注重数字技术的应用，促进产业向数字化、智能化、高端化方向发展。产业数字化转型面临着诸多挑战，包括技术创新、人才培养、信息安全等方面，需要制定有效的应对策略，实现可持续发展。在数字经济时代，产业生态构建将成为未来发展的关键，各产业应该加强协同发展，构建数字化生态平台，打造产业生态闭环，实现产业数字化转型的良性发展，推动经济持续增长。

在数字经济时代，产业数字化转型的路上，各行各业正面临前所未有的机遇和挑战。数字化技术的不断创新和发展，正在深刻改变着传统产业的运作模式和商业逻辑。随着信息技术的飞速发展，产业数字化转型已经成为企业生存和发展的必然选择。然而，这一转型并非一帆风顺，技术创新、人才培养、信息安全等问题是需要我们认真思考和解决的难题。

产业数字化生态平台的建设将成为未来发展的关键之一。只有通过不同产业间的协同合作，建立起数字化生态平台，我们才能真正实现产业生态的闭环，推动整个产业向数字化、智能化、高端化的方向不断发展。数字经济时代的发展，需要我们不断创新思维，拓展视野，加强合作，共同应对产业数字化转型中的风险和挑战。

对于企业而言，要实现产业数字化转型的良性发展，首先要建立起创新的企业文化和管理制度。需要加大人才培养力度，培养出适应数字经济时代需求的专业人才。同时，加强信息技术的研发和创新，不断提升企业的竞争力和核心技术优势。最重要的是，要关注信息安全问题，建立起完善的信息安全体系，保护企业数据和知识产权的安全。

产业数字化转型是一场涉及全产业链、全价值链的深刻变革，需要各行业共同努力，共同推动。只有通过共建数字化生态平台，我们才能迎来数字经济时代的新机遇，实现经济的持续增长，推动社会发展的进步。产业数字化转型的路上充满着挑战和希望，让我们携手并进，共同开创数字化未来的美好前景。

(三) 产业生态互联共享机制

产业生态互联共享机制是指各个产业之间通过数字化技术实现信息共享、资源整合、协同发展的一种新型模式。在数字经济时代，产业之间的联系和合作将更加紧密，形成一个相互依存、互相促进的产业生态系统。通过共享数据、共享技术、共享平台，不同产业可以实现优势互补，共同推动产业升级和创新发展。

产业生态互联共享机制的实施需要建立开放、互联的数字平台，实现各个环节的无缝对接和信息共享。同时，各个产业还需要加强合作，共同探索新的商业模式和市场机会，实现资源共享、风险共担、利益共享。只有通过产业生态的协同发展，才能真正实现数字经济时代的产业转型和可持续发展。

未来，随着技术的不断进步和产业的日益多元化，产业生态互联共享机制将发挥越来越重要的作用。各个产业将通过数字化技术实现更加紧密的联系和合作，形成更加完善的产业生态系统。这种新型的生态模式将带来更多的创新机会和发展空间，推动产业向着更加智能、绿色、可持续的方向发展。

在未来的数字经济时代，产业生态构建的关键在于建立共赢共享的合作机制，促进产业间的深度融合和资源共享。通过产业生态互联共享机制，不仅可以实现产业的协同发展，还可以促进整个经济系统的更加高效运行。这将为各个产业带来更多发展机遇，推动数字经济时代的产业转型和可持续发展。

产业生态互联共享机制将成为数字经济时代产业转型的关键推动力量。通过各个产业之间紧密的联系和合作，可以实现资源共享和信息互通，进而促进产业的高效协同发展。随着技术的不断演进和产业的不断创新，产业生态系统将日益完善，为企业创造更多的合作机会和发展空间。

在这个新型的生态模式下，各个产业将更加注重创新和可持续发展，推动产业向着智能、绿色的方向迈进。通过共赢共享的合作机制，产业间将实现更深层次的融合，加快资源流动和效率提升。这种合作模式不仅可以促进经济系统的优化运行，还可以为各个产业带来更多增长机会，推动整个经济体系迈向更加稳健和可持续的发展方向。

未来，产业生态互联共享机制将成为产业升级和转型的重要驱动力。企业需要不断适应和应用新技术，积极融入产业生态系统，加强合作共赢的意识，共同探索更加智能、高效的发展之路。只有通过产业生态的协同发展，才能实现数字经济时代产业的可持续转型，为经济社会的发展注入新的活力和动力。

（四）产业生态协同效益评估

数字经济时代催生了产业数字化转型的浪潮，各行各业纷加速步伐走向数字化。在当前的现状分析中，我们可以看到越来越多的企业开始意识到数字化转型的重要性，但在实际操作中仍然面临着诸多挑战。未来数字时代产业转型的发展方向将更加注重人工智能、物联网、大数据等前沿技术的应用，不仅提高了产业效率，还开创了新的商业模式。然而，产业数字化转型不仅是技术的问题，还需要企业在组织架构、文化氛围等方面进行全面的变革，以应对未来数字经济时代的发展挑战。

在产业数字化转型中，企业需要积极应对各种挑战，包括技术更新换代、人才培养、信息安全等方面的问题。同时，产业数字化转型的可持续发展也需要企业重视环境保护、社会责任等方面的考量，实现经济效益和社会效益的双赢。未来数字经济时代的产业生态构建将更加重视产业链上下游的协同发展，构建开放、共享的生态系统，实现资源优化配置和效益最大化。

产业数字化生态协同发展是产业发展的新模式，通过信息共享、资源整合、协同创新等途径，实现产业链各环节的优势互补、资源共享，推动整个生态系统的协同发展。在这一过程中，企业需要不断优化合作伙伴关系，搭建开放式平台，促进产业生态系统的健康发展。产业生态协同效益评估的意义在于帮助企业全面了解合作伙伴关系的效果，优化资源配置，实现最大的经济效益和社会效益。

数字经济时代的产业转型是一个复杂而全面的过程，企业需要全面考量各种因素，积极应对各种挑战，实现产业的可持续发展。产业数字化转型的成功离不开产业生态协同发展，只有在各方紧密合作、资源共享的基础上，才能实现效益最大化。希望企业能够认清形势，抓住机遇，勇于变革，共同开创数字经济时代产业转型的新局面。

在数字经济时代，产业生态协同发展已成为企业转型升级的重要路径。通过信息共享、资源整合和协同创新，企业可以实现生态系统的优势互补，促进全产业链的良性发展。在这个过程中，企业需要密切关注合作伙伴关系的发展，积极构建开放式的合作平台，以促进资源共享和互利合作。通过持续评估产业生态协同效益，企业能够有效优化资源配置，实现最大的经济效益和社会效益。

产业数字化转型的成功关键在于企业能够全面考虑各种因素，主动迎接挑战。只有在企业之间形成紧密的合作关系，实现资源共享和优势互补的基础上，才能够实现效益最大化。因此，企业在转型过程中需要敏锐地意识到形势的变化，灵活应对市场挑战，勇于实施变革，以不断探索和实践适应数字经济时代的新模式。

希望企业在激烈的市场竞争中保持清醒的认识，抓住机遇，积极主动地谋求创新。只有在全行业共同努力下，才能实现数字经济时代产业转型的共赢局面。企业应该不断拓展合作领域，共同探索未来发展道路，为产业的可持续发展贡献力量。希望企业在数字经济时代中不断适应变化，积极变革，共同助力产业生态协同发展取得更大的成就。

四、未来产业生态构建的展望

（一）数字经济时代对产业生态的影响

数字经济时代对产业生态的影响，是一个不可避免的趋势。在这样一个数字化高度发达的时代，产业生态随之发生了巨大的变化。数字经济的快速发展，推动了产业之间的深度融合，促进了生态系统的构建与升级。产业生态的发展已经不能仅依靠传统的经济模式，而需要借助数字化技术的力量，实现产业之间的互联互通，实现产业链的整合与协同，促进产业的创新发展。

数字经济时代的到来，使得传统产业面临着巨大的挑战和机遇。对于产业企业而言，数字化转型已经成为企业生存和发展的必然选择。新技术的应用，数字化生产方式的推广，以及信息化的管理手段，将会为企业带来新的发展机遇和竞争优势。产业生态将更加多元化和复杂化，不同产业之间的边界逐渐模糊，形成了更为开放与共生的生态体系。数字经济时代的到来，将催生产业生态的全新发展模式，推动各个产业间的共享与共赢。

面对数字经济时代对产业生态的影响，产业企业需要及时调整自身的发展战略，积极应对挑战，把握机遇。只有主动适应数字化变革，不断提升企业的数字化水平和智能化程度，才能在竞争激烈的市场中立于不败之地。同时，政府部门也需要不断完善相关政策法规，加大对数字经济的支持力度，为产业生态的可持续发展提供良好的政策环境和制度保障。

未来，随着科技的不断进步和数字经济的持续发展，产业生态将会进一步完善和壮大。传统产业和新兴产业将更加密切地融合在一起，形成更加复杂多样化的生态系统。在这样的发展趋势下,产业间的合作与竞争将更加激烈,只有不断加强创新能力和技术实力,才能在激烈的市场竞争中立于不败之地。数字经济时代对产业生态的影响,将会推动产业生态的不断升级和变革,为经济的转型升级注入新的活力和动力。

数字经济时代的发展已经深刻改变了产业生态的格局,推动着传统产业与新兴产业的融合,并促使企业不断提升数字化水平和智能化程度。在这个过程中,创新能力和技术实力成为企业在竞争中立于不败之地的关键。随着科技的进步,产业生态将进一步完善和壮大,不同产业之间的合作与竞争将变得更加激烈。

未来,数字经济的持续发展将为产业生态注入新的活力和动力,推动着经济的转型升级。随着数字化技术的不断革新,企业将面临更多的机遇和挑战。只有不断适应这一变革,加强创新能力和技术实力,才能在激烈的市场竞争中立于不败之地。

政府部门在数字经济时代也将扮演着至关重要的角色,需要不断完善相关政策法规,加大对数字经济的支持力度,为产业生态的可持续发展提供良好的政策环境和制度保障。只有政府、企业和社会各方共同努力,才能实现产业生态的升级和变革。

随着数字经济时代的到来,产业生态将迎来更大的挑战和机遇。只有不断提升企业的数字化水平和智能化程度,加强创新能力和技术实力,才能在竞争激烈的市场中立于不败之地。数字经济时代的影响将推动产业生态的不断升级和变革,为经济的持续发展注入新的活力和动力。

(二) 数字化世界产业生态的构建

数字化世界产业生态的构建是当前数字经济时代的重要课题。随着科技的发展和数字化技术的普及,产业生态的构建正逐渐转变为数字化的形式。未来,数字经济时代的产业生态将呈现出全新的特征和模式,为产业发展和创新注入新的活力。

产业数字化转型的现状分析显示,许多传统产业已经开始采取数字化技术,加快了生产、管理和营销的效率,在市场竞争中获取了一定的优势。然而,仍有许多产业面临数字化转型的挑战,例如数字化技术应用不足、人才缺乏等问题，需要采取有效措施应对。

未来数字时代产业转型的发展方向是向着更加智能化、数字化、智能化和数据化的方向发展。产业企业需要加强技术创新，提升数字化技术的应用水平，实现产业生态的升级和转型，以适应数字经济时代的需求。

产业数字化转型的挑战与应对是数字时代产业转型面临的主要问题。产业企业在转型过程中可能会遇到技术、资金、管理等方面的困难，需要制定相应的应对措施，加强战略规划和创新思维，应对挑战，实现数字化转型。

产业数字化转型的可持续发展是产业生态构建的必然要求。产业企业需要在数字化转型过程中注重可持续发展的理念，推动产业生态的绿色化、智能化、可持续发展，实现经济效益与环境保护的良性循环。

未来数字经济时代的产业生态构建将呈现出更加开放、多元、共享的特点，数字化技术将成为产业生态构建的核心动力。未来产业生态构建的展望是创新驱动、协同发展、共赢共享，实现数字经济时代产业生态的优化升级和可持续发展。

数字化世界产业生态的构建将为产业创新和发展带来全新的机遇和挑战，要抓住数字经济时代的机遇，推动产业生态的数字化转型，实现产业的可持续发展和转型升级，共同开创数字化时代产业生态的美好未来。

数字化世界的发展正在改变着我们的生活和工作方式，产业数字化转型是必然趋势。在这个过程中，产业生态的构建尤为重要。数字化技术的不断进步使得产业生态的构建变得更加开放和多元化，各行各业都可以通过数字化转型实现更高效的合作和共享资源。

未来的数字经济时代将会呈现出更广阔的发展空间，各个领域的企业都可以通过数字化技术实现创新驱动和协同发展。产业生态的构建不仅是为了经济效益，更重要的是要实现环境保护和可持续发展。数字化转型不仅可以提高产业的竞争力，也可以减少资源浪费，推动绿色化和智能化发展。

数字化世界的产业生态构建还需要不断突破自身的局限性，实现产业链的优化升级。各个环节的合作和共赢关系将会成为未来产业生态构建的重要特征。数字经济时代的到来为产业的可持续发展和转型升级提供了新的机遇和挑战，只有抓住机遇，不断创新，才能实现数字化时代产业生态的美好未来。

数字化世界产业生态的构建是一个复杂而又关键的过程，需要各方共同努力，促进数字化转型的深入发展。通过数字化技术的运用，产业生态将实现更高效的资源利用和更健康的环境保护，为经济发展和社会进步注入新的活力和动力。让我们共同携手，开创数字化时代产业生态的新篇章，迎接数字化世界的未来挑战。

（三）产业生态创新与可持续发展的路径

数字经济时代的产业转型呈现出数字化转型的趋势，各行各业纷纷迈入数字化时代。产业数字化转型的现状分析显示，许多企业已经开始着手将传统产业转型为数字化产业，以适应数字化时代的需求。未来数字时代产业转型的发展方向呈现出数字化、智能化、网络化、平台化等新特征，这将成为产业发展的主要趋势。然而，产业数字化转型也面临诸多挑战，例如技术更新换代、人才储备不足、数据安全等问题，需要企业积极应对。产业数字化转型的可持续发展需要企业不断创新，探索新的商业模式，提升整体竞争力。

未来数字经济时代的产业生态构建将是产业发展的重要方向，企业需要构建数字经济时代的产业生态系统，实现产业协同发展。未来产业生态构建的展望将是数字化、绿色化、智能化的产业生态系统，促进产业间协同创新，实现资源共享、互利共赢。产业生态创新与可持续发展的路径需要企业加强与合作伙伴的合作，共同推动产业创新，实现可持续发展。同时，企业还需要积极响应政府政策引导，加强企业社会责任，推动产业数字化转型向着可持续发展的方向前进。

产业数字化转型的道路上，企业需要面对众多挑战，技术的日新月异、人才的匮乏、数据的安全等问题无不考验着企业的智慧和勇气。为了实现可持续发展，企业必须不断创新，寻找新的商业模式，提升自身的竞争力。

未来的数字经济时代将会是产业生态构建的大舞台，企业需要打造一个数字化、绿色化、智能化的产业生态系统，推动产业协同创新，实现资源共享、互利共赢。在这个展望中，企业需要与合作伙伴加强合作，共同促进产业的创新发展，实现可持续的发展目标。

同时，企业也需要积极响应政府的政策引导，加强企业社会责任，推动产业数字化转型走向可持续发展的方向。只有通过企业的努力与合作，才能构建一个稳固、繁荣的产业生态系统，实现产业的可持续发展之路。愿未来的产业生态创新之路充满希望与机遇，让我们携手共进，共同创造美好的未来！

（四）产业生态全球化合作与共建

数字经济管理下产业发展与创新，是当前时代的必然趋势。产业数字化转型正在逐渐成为全球经济发展的主流方向。在现有产业数字化转型的情况下，未来数字时代的产业转型将更加积极和全面，以适应数字经济时代的挑战与机遇。产业数字化转型的现状分析显示，产业要在数字化转型过程中找到适合自身发展的路径，逐步实现全面数字化和智能化。未来数字时代产业转型的发展方向将更加注重数字化技术的研发和应用，加强产业链的整合和优化，实现数字经济时代的产业生态充分发展。产业数字化转型所面临的挑战包括技术创新的不确定性、人才培养的瓶颈、数据安全与隐私保护等问题，未来需要行业共同努力，建立全面、有效的应对机制。产业数字化转型的可持续发展需要企业自身提高数字化技术的创新能力，加强产学研合作，推动数字技术在产业转型中的应用，实现产业可持续发展。未来数字经济时代的产业生态构建将更加重视全球化合作与共建，加强国际合作，促进全球数字经济共同繁荣。产业生态全球化合作与共建将成为数字经济时代产业发展的新动力，推动全球数字化经济的共同发展。

数字化和智能化的发展日益深入，已经成为企业不可或缺的发展趋势。在这个数字时代，产业转型的发展方向必然会更加注重数字化技术的研发和应用，以实现产业链的整合和优化。同时，产业数字化转型所面临的挑战也愈发明显，如技术创新的不确定性、人才培养的瓶颈、数据安全与隐私保护等问题。为了应对这些挑战，行业需要共同努力，建立全面、有效的应对机制。

在产业数字化转型的路径上，企业需要全面提升数字化技术的创新能力，加强与产学研的合作，促进数字技术在产业转型中的广泛应用。这一系列措施将有助于实现产业可持续发展的目标。未来，数字经济时代的产业生态构建将更加强调全球化合作与共建的重要性，通过加强国际合作，推动全球数字经济的共同繁荣。

产业生态的全球化合作与共建将成为数字经济时代产业发展的新引擎，为推动全球数字化经济的持续发展注入活力。通过跨国合作以及多方参与，产业将获得更广阔的发展空间，实现资源共享和优势互补，推动全球数字经济的蓬勃发展。在全球化合作和共建的背景下，各国产业间的协同作用将得到进一步增强，促进产业转型升级，实现更加可持续的发展路径。

总的来说，数字经济时代的产业生态全球化合作与共建将引领产业转型发展的新趋势，为全球数字经济的健康发展提供了新的契机与动力。只有通过全球化合作与共建，产业才能更好地适应数字化与智能化的趋势，实现产业的可持续发展和全球数字经济的共同繁荣。

参考文献

[1] 白晓杰. 乡村振兴背景下畜牧产业经济管理创新优化研究 [J]. 中国产经, 2023, (14): 179-181.

[2] 王熠. 人工智能与数字创意产业: 融合、发展与创新 [J]. 上海大学学报(社会科学版), 2023, 40(03): 100-111.

[3] 盛燕. 数字经济与乡村产业融合发展的机制创新 [J]. 财经界, 2023, (12): 18-20.

[4] 苏静静, 吴卫华. 乡村振兴背景下数字文化产业的创新发展 [J]. 今古文创, 2022, (42): 79-81.

[5] 刘秉祺. 乡村振兴战略背景下畜牧产业经济管理创新优化对策 [J]. 农业经济, 2022, (08): 23-24.

[6] 廖秉宜, 张慧慧. 进化与分化: 数字广告产业的发展逻辑与创新路径 [J]. 当代传播, 2022, (04): 90-94.

[7] 许锋, 时海博. 产业集聚、数字技术创新与制造业发展质量 [J]. 商业经济, 2023, (07): 52-55.

[8] 张庆波, 于志永. 数字经济变革中的文化产业创新与发展探究 [J]. 中国市场, 2021, (02): 186+189.

[9] 阮婷. 数字信息背景下音乐艺术产业的创新发展模式 [A]. 2023年第六届智慧教育与人工智能发展国际学术会议论文集(第三卷) [C]. 香港新世纪文化出版社: 2023: 73-74.

[10] 钟宇, 张秀萍, 湛邵斌, 欧阳玲玲. 产业赋能, 数字创新: 产业互联网背景下深圳市创新创业孵化器发展研究 [J]. 特区经济, 2023, (06): 11-15.

[11] 张汉鹏. 数字经济背景下的产业链发展与治理 [J]. 福建师范大学学报(哲学社会科学版), 2022, (02): 78-83+171.

[12] 黄彦福. 现代经济视域下煤炭经济管理创新发展探索 [J]. 商业 2.0，2023，(18)：28-30.

[13] 邓峰，杨国歌，梁翠月. 税收激励与数字产业创新效率 [J]. 商业研究，2023，(02)：57-64.

[14] 栗晓东. 现代材料产业经济管理现状与发展趋势分析 [J]. 财经界，2023，(21)：24-26.

[15] 谌苗苗，王勇，李树英，秦利，李喜升. 科技创新视角下的柞蚕产业发展与对策 [J]. 蚕业科学，2022，48(02)：162-169.

[16] 温雅，郭雯华. 数字普惠金融、区域创新能力与产业高质量发展研究 [J]. 产业创新研究，2022，(23)：30-32.

[17] 李珮. 科技创新助力产业数字化发展提速升级 [N]. 金融时报，2021-08-09(007).

[18] 陶尚帅. 数字媒体语境下艺术设计的创新与发展 [J]. 大观，2021，(08)：92-93.

[19] 李腾，孙国强，崔格格. 数字产业化与产业数字化：双向联动关系、产业网络特征与数字经济发展 [J]. 产业经济研究，2021，(05)：54-68.

[20] 罗攀. 基于产业视角下的数字经济产业发展模式比较研究——浙江省与贵州省数字经济发展对比 [J]. 时代金融，2022，(11)：52-58.

[21] 张平芳. 茶文化视域下湖南婚庆产业良性发展与创新研究 [J]. 福建茶叶，2021，43(07)：67-68.

[22] 贾宁. 数字经济下县域特色产业发展的路径与对策研究 [J]. 产业创新研究，2023，(23)：87-89.

[23] 毛现桩. 数字经济背景下语言产业发展新模式：语言数据产业 [J]. 北京城市学院学报，2023，(02)：74-80.

[24] 曾美玲. 以数字经济引领创新科技产业发展 [N]. 南方日报，2023-09-15(A05).

[25] 李元丽. 构建良好产业生态推动数字贸易创新发展 [N]. 人民政协报，2023-09-12(005).

[26] 朱旭东. 文化数字产业发展探索与实践 [J]. 智慧中国，2022，(06)：52-53.

[27] 马瑞杰.数字经济背景下新媒体产业发展研究[J].河南农业,2023,(30):56-57+60.

[28] 宁帅.文化数字化战略背景下数字出版产业发展路径[J].文化创新比较研究,2023,7(06):69-73.

[29] 古贞.数字产业与物流产业融合发展研究[J].中国商论,2022,(23):101-103.

[30] 刘通.数字经济背景下农村电商平台创新与发展策略[J].商业经济研究,2021,(19):141-144.